初心者でもすぐ売れる！

メルカリ
かんたん出品ガイド

安達恵利子

JN087828

はじめに

● メルカリによってライフスタイルが変わった！

近年「**メルカリ**」を代表とする**フリマアプリ**などが、私たちに新しいライフスタイルをもたらしました。**物を所有しないで利用する**時代へ。お金をかけずに好きなものに囲まれる生活が可能になりました。

初期のメルカリでは、オークションサイトに変わる新しい販売チャンネルとして、ネットで一儲けしたいと野望を持った人々が、たくさん参入していた印象でした。しかし現在は、「**稼ぐ**」よりも「**不要になったモノを必要としている人へ譲る**」「**必要なアイテムを一時的に調達する**」「**スキルを活かしたモノを売る**」手段としてメルカリを活用する人が多いようです。いわゆる「**シェアリングエコノミー**」と呼ばれるものです。

● 必要な物をメルカリで揃えて使ったらすぐ売る「レンタル感覚」

例えばウェディング。結婚式で必要なものをすべてメルカリで揃えて、セレモニー後にまたメルカリで売る。**レンタルに近い感覚**ですね。

《 ウェディングの検索結果

● **買った商品を支払い前に売ることも**

　また「**メルペイスマート払い**」という購入代金を翌月中に支払うシステムを利用すれば「**支払いより先に体験**」を楽しむことも可能です。

　例えば、夏休みの旅行で、旅行に必要なものをメルカリで買って、帰ってきて支払期限までにまたそれをメルカリで売る。**メルカリで購入した商品は、「出品する」ボタンをタップすれば、簡単に再出品できます。**

《 購入商品の横の出品ボタン

《 旅行用品カテゴリーを検索

● **過去の取引相場から適正価格を自動で提示してくれる**

　再出品する場合、過去の相場データから予測される販売価格まで提示してくれます。「いくらで売れるか？」と市場価格をリサーチすることは物販の基本ですが、面倒な作業です。相場とかけ離れた自分の希望価格で出品して「売れない➡やる気が失せる」となるところを、メルカリはフォローしてくれています。

　最近は**終活ブーム**もあり、モノを手放すツールとして、広い年齢層がメルカリを幅利用し始めてきました。「**はじめてインターネットでモノを売る初心者**」のために「**誰でも・簡単に・スマホで**」出品できるよう

にどんどん進化しています。

　例えば、**本やDVD、化粧品などはバーコードを読み込むだけで、商品説明文や参考価格まで全て自動で表示してくれます**。出品に掛かる時間はわずか数十秒、あっという間です。これなら初心者も挫折せずに出品できそうですね。

　また、モノによっては**写真撮影するだけで、いくらくらいで売れるかわかる**商品もあります。

● **匿名配送で一人暮らしの女性も安心**

　発送に**メルカリ便**を使えば送料は全国一律です。またメルカリ便を使えば、購入者・出品者がともに匿名で商品の売買から受け渡しまでできます。

　このように、メルカリを利用すれば夢が広がります。メルカリは「**資金がなくても、日本のどこに住んでいても、誰でも始められる小さなお店**」という感じです。

- 不用品を売ってお家スッキリ＆お小遣いもゲットできる
- ハンドメイドのお店を始める
- 産直野菜や地元の商品を売る
- 自分の好きなものに囲まれた生活をする

《 出品商品のバーコードを読み込むと、自動的に商品名や相場価格を提示

- **売れるかどうかはほんのわずかのコツ**

ここまではメルカリのいいことばかりを伝えてきました。一方で「**メルカリで出品したけどさっぱり売れない**」と離れていく人がいるのも事実です。しかし、どうぞ安心してください。**売れる人と売れない人の違いは、実はほんのわずかです。**

商品タイトルの付け方でも売れ行きが変わります。**出品商品の1枚目の写真、出品カテゴリー選び、出品のタイミング**（時期、時間）など、**ちょっとしたコツを掴むだけで面白いほど売れていきます。**

一度挫折した人にも、はじめての人にも、ぜひメルカリの楽しさを知っていただきたいという思いで、本書を書きました。

メルカリを楽しんで続けるには「**手間と時間を掛けない**」のがコツ。毎日歯を磨くように出品して、生活の一部にしてしまいましょう。

メルカリでは思いも寄らないものが売れています。一度自分の常識を疑ってみてください。そして、好きなものに囲まれた生活を想像してみてください。

本書が、少しでもあなたのお役に立てることを、心から願っています。

《 果物やハンドメイドなど幅広い商品が取引されている

Contents

Chapter

1

今、メルカリが選ばれる
これだけの理由

1-1 出品から発送まで
スマホ1台で完結するメルカリ

スキマ時間3分あれば出品できる気軽さが魅力♪

　フリマアプリがなかった時代、インターネットでモノを売るのは「ヤフオク！」のようなオークションサイトが主流でした。しかし、オークションは落札まで長期戦ということもあり、売る方も買う方も結構エネルギーを使います。筆者は「メルカリ」を知った今、その出品の気軽さからオークションに戻るのがすっかり億劫になってしまいました。

　メルカリは**気楽に出品できるのが魅力**です。**スキマ時間が3分あれば出品できます**。出品後も商品説明文や写真を簡単に変更できるため、思い立ったらパパッと出品、詳細はあとでじっくり練ればいい。商品力があれば、ろくに説明文を書かなくても売れてしまいます。

《 メルカリはスマホ1つあればすぐに出品して販売できる

メルカリでビジネスをするには戦略が必要でしょう。でも、そこまで真剣に考えていない「**とりあえず家にある不用品を手放せればそれでいい**」人たちにとっては、この手軽さが最大の魅力です。実際、メルカリのおかげで「捨てようとしていたものに価値があると知った」ことに喜びを感じている人がたくさんいます。

> **Point**
>
> ◆ スキマ時間3分でパパッと出品できるのがメルカリの魅力

匿名配送システムが、一人暮らしの女性に支持されている理由

メルカリをはじめて使ってみて、まず驚くのが画期的な配送システムです。「**メルカリ便**」と呼ばれるシステムで配送した場合、商品をコンビニやヤマト運輸、郵便局に持っていくだけで、住所や名前を書く必要がありません。商品が売れたら、梱包した商品とスマホを持ってコンビニへGO！ 配送料は売上金から差し引かれるため、お財布も必要ありません。配送料が全国一律なのも魅力です。

≪ メルカリを介せば、出品者と購入者は双方匿名で発送・受け取りができる

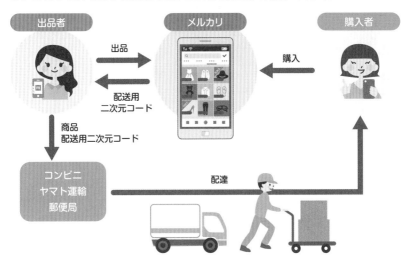

メルカリ便は「**匿名配送**」できるため、嫌がらせや**ストーカー被害を心配する一人暮らしの女性にも支持**されています。匿名でやり取りできるので、芸能人の中にもメルカリをよく利用する人がいるようですね。

面倒なお金のやり取りはメルカリにお任せで安心安全！

メルカリでは、商品を購入したら代金を出品者ではなく運営会社へ支払います。購入者が商品代金を支払うと、メルカリから出品者に配送を促す通知が届きます。そして、購入者が商品を受け取り確認したことをメルカリに報告して、売上金が出品者に入るという流れです。**取引には必ず間に運営会社が入る**ので、出品者・購入者双方とも安心して取引を行えます。

≪ メルカリでの取引の流れ

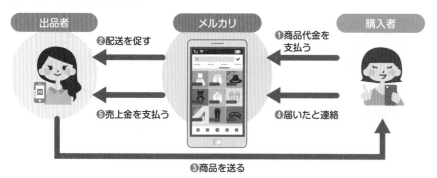

出品者　　メルカリ　　購入者

❷配送を促す　　❶商品代金を支払う

❺売上金を支払う　　❹届いたと連絡

❸商品を送る

「捨てるもの」が誰かの必需品に
家スッキリでお小遣いもゲット!

「捨てる」のではなく「手放す」

「まだ使えるから」「一度も使ってないから」「いつか使うかも知れないから」とクローゼットや引き出しの奥に溜め込んでいるものはないでしょうか。「**空いている床面積と収入は比例する**」とも言われています。これは、広い家を持っているという意味ではなく、床が見える割合のことです。**もったいなくてモノを手放せないから家が片付かない**。散らかっている部屋を毎日眺めているから気分もブルーになって人生も好転しない、というわけです。

《 捨てられないモノをメルカリに出品して処分

　メルカリは、片付けられない人・捨てられない人の背中を押してくれるツールです。捨てることに抵抗感がある人、「誰かが使ってくれる」なら手放せるのではないでしょうか。しかもそれがお金になるのです。

> **Point**
> ◆ メルカリは不用品を罪悪感なしに手放すのに最適なツール

メルカリ利用動機の1位は「稼ぐこと」ではない

牛乳パックやトイレットペーパーの芯、使いかけの化粧品、壊れたパソコンや焦げた鍋……などといった、**リサイクルショップでは絶対に下取りしてくれないようなものでも、メルカリでは売れています**（Chapter 12参照）。

メルカリが行った調査（https://about.mercari.com/press/news/article/20181119_trilliongmv/）によると、**「メルカリを使う理由」**のトップは「賢くお小遣い稼ぎができる」（34.2%）。それと僅差で「捨てようと思っていたものが売れて得した気分になる」（33.2%）が2位です。4位の「捨てるという行為がなくなる」（25%）を合わせると過半数です。1位の「お小遣い稼ぎ」より、**モノを罪悪感なしに手放すことができる点に魅力を感じている人が多い**のがわかります。

≪ メルカリを使う理由ランキング
（https://about.mercari.com/press/news/article/20181119_trilliongmv/）

Point

◆ リサイクルショップでは引き取ってくれないようなものでも、
　メルカリでは価値を生むことがある

国民一人当たりの隠れ資産はなんと28万円！

家の中で1年以上利用していないものを「隠れ資産」と定義した調査 (https://jp-news.mercari.com/2018/11/26/kakureshisan) によると、**国民一人当たりの隠れ資産は約28万円**にも及ぶそうです。1世帯あたりの平均はなんと69万円あまり！

本当にそんなにたくさん隠れ資産が眠っているのかと信じがたいかもしれません。しかし、昔こだわって揃えたものでも、関心が薄まっていつのまにか「**家の隠れ資産**」になっている可能性もあります。

下記ページは、これまでのメルカリ全体の取引データを元に、自宅に眠っている不要品の推計総額を簡単に試算できる診断サイトです。

- **あなたの家にあるかくれ資産はいくら？｜みんなのかくれ資産**
  https://kakureshisan.com
  家族構成や自宅の面積などを入力するだけで推計総額が算出できる「かんたん診断」と、実際に所有する不要品の個数を入力して算出できる「くわしく診断」があります。

家に眠っているものが必要な人のもとに届き、自分の収入にもなる。**メルカリを上手に生活に取り入れてみませんか？**

> **Point**
> ◆ 家に眠る隠れ資産は一人当たり約28万円
> ◆ 不要品をメルカリに出品して処分すれば、自分の副収入にもなる

1-3 メルカリでもっとも売上を上げているのは「シニア」世代

若い世代は単価が安く、高齢世代になるほど高単価に

＊＊＊

　メルカリの調査 (https://about.mercari.com/press/news/article/201
90131_mercaridata2018/) によると、2018年1年間 (2018年1月1日〜12
月31日) では、**ユーザー一人当たりの月間売上額は約1万7千円**とのこと。世
代別に見ると、**60代男性世代がもっとも高い売上**を上げています。女性も**60
代女性がもっとも高く**、男女ともに一人当たり月間売上額が**3万円**前後で、**メ
ルカリはシニア世代がもっとも高い売上を上げている**ことがわかります。

> **Point**
> ◆ 一人あたりの月間売上額は約1万7千円
> ◆ メルカリで売上を一番上げているのはシニア世代

　また、各年代共通して**女性よりも男性の売上額のほうが高い**ようです。これ
は、**男性は比較的単価の高いものを出品**し、**女性は単価の低いものをこまめに
出品**するという傾向によるものです。

　10〜20代の男性はトレーディングカードやテレビゲームなど単価の低いも
のが多く、30〜40代は比較的高値のジャケットやアウターを売却する人が多
いようです。50代以上になると、単価の高い時計やPC・タブレット、ゴルフ
など趣味に関するものが多く売られています。

　一方、10〜20代の女性は、タレントグッズやおもちゃを出品、30〜50代
はバックやアクセサリーなどの装飾品、60代以上は着物や食器など家に眠って
いるものが多く出品されています。

> **Point**
> ◆ 男性は単価の高い物を出品し、女性は単価の低い物をこまめに出品

《 年代別売上額上位カテゴリー (https://about.mercari.com/press/news/
article/20190131_mercaridata2018/ より)

年代別売上額上位カテゴリーランキング（女性）

	1位	2位	3位
10代	タレントグッズ	おもちゃ	CD
20代	おもちゃ	タレントグッズ	バッグ
30代	バッグ	おもちゃ	トップス
40代	バッグ	トップス	アクセサリー
50代	バッグ	トップス	アクセサリー
60代以上	バッグ	浴衣・着物	食器

年代別売上額上位カテゴリーランキング（男性）

	1位	2位	3位
10代	トレーディングカード	テレビゲーム	トップス
20代	トレーディングカード	トップス	ジャケット・アウター
30代	ジャケット・アウター	トップス	靴
40代	ジャケット・アウター	トップス	靴
50代	時計	ジャケット・アウター	ゴルフ
60代以上	PC・タブレット	ゴルフ	時計

「終活」でメルカリを活用

　筆者は、2018年よりメルカリセミナーを毎月開催しています。セミナーを始めた当初は、受講者さんのほとんどが30 ～ 40代の女性でした。稀にシニアの方も参加されていましたが、その当時は、出品物が主なメルカリのユーザー層にマッチしていなかったため、売れにくい結果になってしまいました。

　それが、**2019年に入った頃から大きく変わってきました。**メディアで「**終活**」や「**生前整理**」が取り上げられることが多くなり、不要なものをメルカリで売るという手法が幅広い世代に知られるようになりました。その頃から受講者さんの年齢層もぐっと上がり、ご夫婦での参加も多くなりました。

　それに合わせて、様々な物が売れやすくなったという印象を受けています。**幅広い年代にメルカリが浸透していった結果、ありとあらゆる物がメルカリで売り買いされるようになった**というわけです。また、シニア世代へのスマホの普及率が高まっていることも背景にあるかもしれません。

　「こんな古い物、誰も買う人はいない」と自分で判断しないで、**まずは出品してみることをお勧めします**。意外なものが売れるかもしれませんよ。

Point

◆ 終活・生前整理でメルカリを活用する人が増加

◆ シニア世代に浸透し、あらゆる物がメルカリで売買されるように

メルカリで売れる・買われる ブランドランキングと傾向

「誰もが知ってる」「サイズもだいたい見当がつく」ブランドが人気

　メルカリで**最も買われているブランド**・**最も売られているブランド**は、いずれも「**ユニクロ**」が2年連続1位。意外でしょうか。それとも「やっぱり！」と感じたでしょうか。2位、3位はスポーツブランドが続き、10位圏内には「ユニクロ」の兄弟ブランドである「**ジーユー**」もランクインしています。

《 取引ブランドランキングTOP10 (https://about.mercari.com/press/news/article/20190702_mercarinumbers/)

Point

◆ 売れ筋ブランドは、誰もが知っていて幅広い層に親しまれるもの

高級ブランドをおさえて「ユニクロ」「ジーユー」などのカジュアルブランドがランクインしたのは、「**誰もが知っている**」「**サイズもだいたい見当がつく**」と、サイズ感や着心地を理解している人が多いというのがポイントのようです。ユニクロの服を着たことがある人は多いですし、試着しなくても自分がどのサイズが合うかだいたい想像がつきますよね。上位にランキングされているブランドは、「**ユニクロ**」「**ナイキ**」「**アディダス**」のように男女問わず、幅広い年齢層に愛用されていることが共通点として挙げられます。

　一方で、高級ブランドもやはり人気です。「**シャネル**」「**ラルフローレン**」など、新品で買うと手が出ない**高級なブランド**も、メルカリであれば**お手軽価格**で手に入ります。

Point

◆ 高級ブランドは中古だと値頃感があって売れやすい

子供服は「高く売れる」ブランドが人気

　子供服ブランドでは「ミキハウス」がランクイン。**子供服は「ブランドかそうでないか」で取引価格が一桁違う**と言われています。**すぐに小さくなって着られなくなる子供服は、高く売れることを前提にブランド品を**と考えて購入する人の気持ちもわかる気がします。

　次節でも解説しますが、メルカリで「**売ることを前提に商品を購入する人**」は、**ランキング**を意識してみてはいかがでしょうか。

Point

◆ 「買われている」ブランドを意識して出品すると売りやすい

1-5 「売ることを前提」に モノを購入する人が増えている

モノを「所有する」から「利用する」時代へ

メルカリの調査で、興味深い数字があります。フリマアプリ利用者全体の調査で、71.2%の人が「**新品で購入して数回使ってフリマアプリで売った経験がある**」、62.2%の人が「**新品で購入して1回だけ使いフリマアプリで売った経験がある**」と回答しています（次ページ参照）。

若い世代ほどその割合が高く、新品で購入し必要なときだけ利用して売る「**ワンショット消費**」の傾向が顕著にあらわれています。

《 ワンショット消費

買う　撮る　売る

Point

◆ 「メルカリで売ること」を前提に購入を検討する人が増えている

モノには「旬」があります。長く所有せず「**買ってもらえるうちに売る**」が一般化してワンショット消費の人が増えたため、メルカリなどでも状態の良いものが多く出品されるようになりました。そのため「中古品＝古いもの」という悪いイメージも薄れ、「中古品を購入すること」に抵抗を感じる人が減ってきて

います。手元にある物を売る習慣が定着し、**モノを「所有する」から「利用する」へ変化**してきています。

　筆者の家族にも「ワンショット消費」を地で行く息子がいます。気軽に商品を購入し、気に入らなかったり使わなくなったりしたらさっと手放しています。また、筆者のセミナーの受講生さんや友人のお嬢さんの例ですが、ウェディングドレスや結婚式で必要なものを全てメルカリで揃え、セレモニーが終わったらすぐにメルカリで売っていらっしゃいました。合理的で、エコでもあります。

　「幸せバトン」という言葉をご存知でしょうか。「自分が使った思い入れのあるウェディングアイテムを、新しい花嫁へ譲る。幸せをバトンのようにつなげていく」素敵な習慣だと思いませんか。

《 新品で購入したものを数回使ってフリマアプリで売った経験
（https://about.mercari.com/press/news/article/20190425_consumersurvey/）

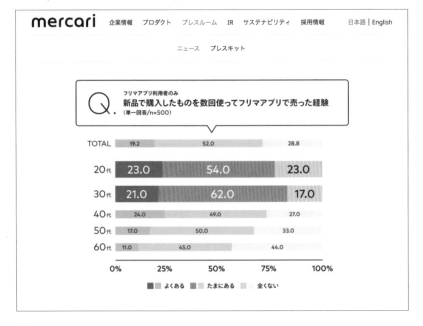

新品を購入する際に「いくらで売れるか」を意識する人が増加

フリマアプリで気軽に物を売ることができるようになったことで、新品購入時に「**メルカリならいくらで売れるか**」と「**リセールバリュー**」を気にする人が増えてきました。

- **売ることを前提にした購入**
- **買ってくれる人がいるうちに売る**

これらを意識することで、部屋に物を溜め込まずに済みます。売り買いの差額が出費金額となるので、買ったまま所有し続けるよりも出費が少なく済みます。物を買うというよりは、レンタルに近い感覚の人もいるかもしれませんね。

「メルカリでいくらで売れるか」で新品の購入単価が上昇

メルカリの調査（https://about.mercari.com/press/news/article/20190425_consumersurvey/）で、メルカリの販売価格によって中古品の相場が確認できるようになったことで、**新品の購入単価が上がった**と回答した人が約30%いることがわかりました。

« 中古で売れる相場金額がわかることで、新品購入金額が上昇

高く売れるなら、少しいい物を買おう……

一般的には、「**中古品の普及で新品を買う人が少なくなるのでは**」と新品を販売する企業にとっては脅威のように思われますが、実は**新品購入を後押し**する側面もあるようです。

実際、筆者もメルカリでの中古相場を確認して、「これくらいで売れるのなら少々高くても買おうかな？」と**普段よりワンランク上の物を購入**した経験があります。

《 フリマアプリを利用することで新品購入単価が上がった商品カテゴリー
　 (https://about.mercari.com/press/news/article/20190425_consumersurvey/)

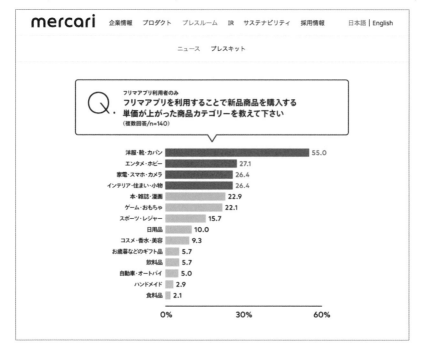

1-6 衝動買いユーザーが多い理由は掘り出し物を探すワクワク感

メルカリの月間利用時間は、SNSに匹敵する5.3時間

　ニールセンデジタルが2018年1月に実施した調査によると、ユーザーが**メルカリを利用する時間は1ヶ月当たり5.3時間**。これは、EC大手であるアマゾンや楽天を大きく上回って、LINEやTwitterなどの**SNSに匹敵する長さ**です。なぜメルカリ利用者は、サイト（サービス）の滞在時間が長いのでしょうか。

《 メルカリの月間利用時間
（https://about.mercari.com/press/news/article/20190702_mercarinumbers/）

Point

◆ メルカリユーザーの利用時間は、SNS利用時間に匹敵する長さ

一般的に、消費者がオンラインで物を購入するときは、**特定の商品を検索**する「**目的買い**」が中心です。そのため、検索して目的の商品を見つけたら、購入してサイトを離れます。

一方でメルカリの場合、特に買いたい物が決まっているわけではなく、**宝探し感覚で商品を物色**する「**衝動買い**」ユーザーが多いことが、**滞在時間が長くなる要因**のようです。

≪ 掘り出し物を探す感覚でメルカリを利用

何かいいもの
ないかな……

出品者に業者の割合が低く、個人の出品者によるユニークな商品が多く出品されているため、「**掘り出し物を探すワクワク感がある**」「**中古品でしか買えないものがある**」といった、**フリーマーケットの楽しさ**を見出しているユーザーが少なくないのでしょう。

Point
◆ メルカリ利用者は「掘り出し物を探す」感覚で利用する人が多い

≪ 中古品を購入する機会が増えた理由
(https://about.mercari.com/press/news/article/20190425_consumersurvey/)

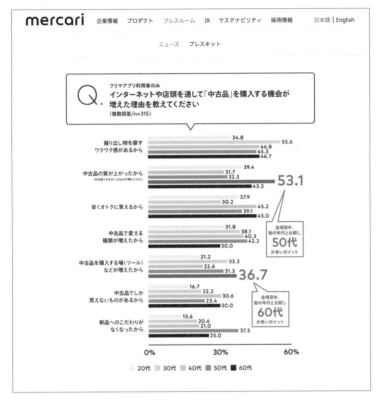

さらに、アプリ起動時に過去の検索履歴に基づいた「**おすすめ**」が表示される仕組みになっているため、ついついスクロールして見てしまうユーザーも多いでしょう。SNSと同じように「**いいね！**」や「**シェア**」ボタンなどもあり、**拡散されやすい仕組み**があるのも、滞在時間が伸びる要因のようです。

　ユーザーがメルカリにハマるのには、次のような理由が考えられます。

- **市場に出回っていないヴィンテージのものが手に入る**
- **地方では入手困難な物が売られている**
- **捨ててしまうものにも値がつく**
- **出品者のストーリーに共感する**

愛着がある物なのに「うちでは引き取れません。売り物にはなりませんね」とリサイクルショップで冷たくあしらわれ、がっかりした経験はないでしょうか。業者の立場で考えれば、売れやすい物を仕入れたいのは当然です。

しかし、**ショップで無料引き取りさえ拒否された物が、メルカリでは売れる。** お金になるのはもちろん嬉しいですが、たとえ微々たる儲けであっても、**誰かが使ってくれる、それを欲しいと言ってくれる人がいる** ことで「承認欲求」が満たされて幸せな気分になる人もいるのではないでしょうか。筆者もそのうちの1人です。

メルカリで過去一番「いいね！」を集めたのは「どんぐり」

「**300円で出品されたどんぐり**」が1,542件の「**いいね！**」を集めて話題になりました。なぜ、どんぐりにそんなに「いいね！」が集まったのでしょうか。それには共感を生むストーリーがありました。

メルカリを愛用しているお母さんを見て、5歳の男の子が「仮面ライダーカードを買いたいからこれを売って！」と、拾った鈴やお手製の紙粘土で作ったお団子をどんぐりに付けて300円で出品したそうです。ほっこりとしたストーリーがSNSなどで拡散されたことで「いいね！」がたくさん集まり、最終的に「こども好きな人」が購入されたそうです。

「**承認欲求が満たされる**」「**共感を呼ぶ**」など、単に物を売買するアプリ・サービスではない部分がメルカリにはあるようです。そういった理由で、ECサイトとは比べ物にならないくらい長い滞在時間を生み出しているのではないでしょうか。

> **Point**
> ◆ メルカリ利用者は、通常のショップでは手に入らない物を求めて、宝探し感覚で長時間滞在するユーザーが多い

Chapter
2

メルカリの基本を学ぼう

2-1 メルカリを始めてみよう!

スマホと本人確認用の携帯電話番号が必要

＊＊

　まずは、メルカリを始めてみましょう。メルカリを始めるために必要なステップを解説します。すでにメルカリ登録済みの場合は飛ばしてください。

　メルカリはパソコンでも利用できますが、本書では主に**スマートフォン**（**iPhone**、**Android**）やタブレットでの利用方法を解説していきます。

　スマートフォンにメルカリのアプリをインストールし、メルカリの会員登録をして利用します。メルカリアプリは、iPhone・iPadであれば「**AppStore**」で、Androidであれば「**Playストア**」で「メルカリ」を検索してインストールします。

《 AppStore

《 Playストア

Point

◆iPhoneやAndroidにメルカリアプリをインストールして始めよう

会員登録

＊＊

　インストールしたアプリを起動して、メルカリの**会員登録**を行います。メルカリの会員登録には、本人確認のために**SMS（ショートメッセージサービス）**が受信できる**電話番号**が必要です。メルカリの会員情報は携帯電話の番号と紐付けられているため、仮に退会してから再度登録した場合でも、一度登録に利用した電話番号はメルカリ側に残っていて、再登録という形になります。

《 メルカリの会員登録

登録するメールアドレスは、取引成立の通知が届くメールなので、「スマホで受信できるアドレス」にしましょう

任意の文字列を設定します

ニックネームは20文字まで。いつでも変更できます。登録時は深く悩まずサクッと入力しましょう

友達などから招待コードをもらった場合は、ここに入力します。招待コードを入力すると、購入に使えるポイントがもらえます（ポイントはキャンペーンごとに変わります）

タップします

登録する本人情報は正しい名前、生年月日を入力してください。虚偽の記載はアカウント停止になる恐れがあります。本人情報に登録した内容が外部に公開されることはありません

Point

◆会員登録にはSMSが受信できる電話番号が必要

メルカリからの通知 (お知らせ) を設定しておこう

＋＋

　メルカリのアカウント登録完了後、「"メルカリ"は通知を送信します。よろしいですか？」とメッセージが表示されます。スムーズな取引のために、通知を許可しておくことをお勧めします。通知を許可しておくと、「商品が売れた」「コメントが入った」など、重要なお知らせを通知してくれます。

　通知がわずらわしく感じた場合は、後で設定を変更することも可能です。設定の変更は「マイページ」 ▶ 「**お知らせ・機能設定**」で行います。お知らせ・機能設定については46ページで詳しく解説します。

≪ メルカリの通知設定

Point

◆ メルカリからの 「通知」 は許可しておこう

購入者が安心する 丁寧なプロフィール記入例

プロフィールの設定手順

　会員登録の後は、まず**プロフィール**を設定しましょう。プロフィールの記載がなくても売買はできますが、丁寧なプロフィールがあると、取引相手に安心感を与えられます。特に自分が出品者である場合は売上にも影響しますので、プロフィールの設定は必須だと思ってください。また、プロフィールはいつでも自由に編集できます。

　それでは、プロフィールの設定手順を見ていきましょう。プロフィールの設定は、画面下の「**マイページ**」▶「**個人情報設定**」▶「**プロフィール**」で行います。プロフィール以外に、「お届け先住所・メールアドレス・支払い方法」など、メルカリでの取引に必要な個人情報の設定や変更は、すべてこの「**個人情報設定**」から行います（42ページ参照）。

> **Point**
> ◆ プロフィールは「個人情報設定」で設定する

購入者に安心と信頼を与えるプロフィールのポイント

　購入希望者が、商品を見て次にチェックするのが出品者の「**プロフィール**」です。ここでいうプロフィールとは、名前や性別などの個人情報ではなく、**スムーズな取引のためにお知らせしておいたほうが良い情報**のことです。プロフィールに何も書かれていなかったり、プロフィール内容の印象が悪かったりすると「なんか信用できそうにないな……買うのはやめておこう」となってしまいます。**よく売れる出品者は、丁寧で誠実なプロフィールを心がけています。**購入希望者に安心して買ってもらえるように、またトラブル防止のために、できるだけ詳細なプロフィールを記載しておきましょう。プロフィールは、次ページでポイントを押さえて記述します。

メルカリの基本を学ぼう

❶簡単な挨拶文と自己紹介文

❷コメントに対応できる時間帯

「昼間は仕事でコメント対応できない」といった場合は記載しておきます。

❸どんなものを出品しているか

「子供服」「スポーツ用品」「コスメ」といった具合に、主に出品している物を記載しておきましょう。手作り品や商品を販売する場合は、リピーターを獲得するためにもより丁寧に記述しておきます。

❹自分のお店のルール

「取り置き」や「専用出品」には対応していないことや、配送日程や梱包についてなど、店のルールを記載しておきます。このルールは、トラブル予防のための注意点、スムーズなお取引のための案内です。

ルールを記載する場合は注意が必要です。「○○お断り」のような「ダメダメルール」を連発して印象を下げないようにしてください (36ページで解説)。

❺アピールポイント

「ペット・喫煙者はいません」「配送は、匿名＆追跡可能なメルカリ便」「値下げ交渉やおまとめ購入可能」「お気軽にご質問ください」「購入後1〜2日で配送」など、アピールできるポイントを記載します。

❻伝えておくべき注意点

サイズ採寸に関する注意や、商品の保管状況など、購入者にあらかじめ伝えておくべき内容を記述しましょう。タバコの匂いが嫌いな人は、出品者が喫煙者であるかが気になりますし、アレルギーがある人は、出品者がペットを飼っているかどうかが気になります。

> **例 ペットを飼っている場合**
>
> ペットを飼っています。発送の際は毛などがつかないように十分気をつけていますが、アレルギーの方や気にされる方はご購入をお控えください

❼挨拶文で締めくくる

プロフィール記入例

はじめまして。
ご覧頂きありがとうございます。

小学生の子供がいる働く主婦です。
平日昼間は仕事のため、
コメントの対応が遅くなりますが
必ずお返事をいたします。

子供服や家庭雑貨を中心に出品しております。
サイズは、商品説明で記載しておりますが
素人採寸のため、誤差が生じる場合があります。

出品価格は、全て配送料込の価格です。
配送は、追跡・匿名配送が可能な「メルカリ便」にて
お送りしておりますのでご安心ください。

丁寧な梱包を心がけておりますが、
送料を抑えるため、簡易包装になります。

また、素人検品＆自宅保管のため、
気づきにくい小さなシミやたたみジワが
ある場合がございます。
ご理解いただけますと幸いです。

喫煙者やペットはおりません。

値下げ交渉中であっても、
基本的に早いもの勝ちです。

ご購入後、2-3日以内に配送いたします。

商品やお取引について、気になる点がございましたら
お気軽にご質問くださいませ♪

どうぞよろしくおねがいします。

お店のルール

アピールポイント

2

メルカリの基本を学ぼう

こんなプロフィールは嫌われる！

　プロフィールに、**お店のルール**として購入希望者にある程度のお願いを記載することは構いません。しかし、トラブルを心配するあまり、プロフィール欄で「ダメダメ」と**禁止ルールを連発するのはいけません**。印象が悪くなり、購入を検討しているユーザーが離れてしまいます。自分ルールを押し付けないように気をつけましょう。

ダメダメ禁止ルールの例

- コメント逃げ禁止！
- 評価には必ずコメントを記載してください。
  無言評価はブロックします！
- 購入前に必ずコメントを入れてください。
  コメントのない場合は購入できません。
- 過去に○○という不愉快な思いをしました。□□の方は購入お断り

● 絵文字や顔文字の多用

　ある程度の**顔文字**や**絵文字**、**♪などの記号**はOKです。むしろ親近感を持ってもらうために、利用しても良いでしょう。

　ただし、幅広い年齢層に好感を持ってもらいたい場合は、乱用は避けてください。**プロフィールに顔文字が多いと稚拙に感じる人もいます。**

　一方で、極端に堅苦しい文体のプロフィールは、業者と受け止められる可能性があります。あるいはそうでなくても、神経質な出品者なのでは、と思われてしまう恐れもあります。

　イメージとして、少しだけ目上のお友達に説明するような文体にすると、自然にへりくだった印象を与えられるかもしれません。

Point

- ◆プロフィールに取引のルールを載せるのはOK。しかし「ダメダメ」禁止ルール連発は印象を悪くするのでNG
- ◆目上のお友達に説明するような文章だと、好印象を持たれやすい

2-3 売上にも影響する プロフィール画像の選び方

プロフィール画像の必要性

プロフィール画像というと「顔写真」をイメージするかもしれません。しかし、プロフィールに顔写真は必要ありません。

ネットショップでは、「店長の顔」があるだけで売上率がアップすると言われています。SNSのプロフィール写真は、ワンちゃんや花の写真より顔写真の方が親近感湧きますよね。そのため、「メルカリでも顔写真が必要かも」と考え、プロフィール画像の設定を躊躇している人は多いのではないでしょうか。

しかし、実際は**顔写真が必須というわけではありません**。あまり難しく考えず、まずは手持ちの写真を設定してみましょう。プロフィール画像がないと、「やる気がない売り主」「なんとなくあやしい」とマイナスイメージを持たれてしまいますので、**プロフィール画像の設定は必ず行ってください。**

> **Point**
> ◆ 「プロフィール画像」には「顔写真」を設定する必要はない
> ◆ プロフィール画像の設定は必須。ないとマイナスイメージになる

プロフィール画像の設定手順

プロフィール画像の設定は、「プロフィールの設定」から行います。

1. 「プロフィールの設定」画面を開きます（33ページ参照）
2. 左上の「プロフィール画像」を挿入する丸い部分をタップします
3. スマホのカメラが起動します。撮影ボタンをタップして撮影するか、スマホ内の画像を選びます

4. 画像の編集画面が表示されます。画像を編集したい場合はここで編集します。切り抜き・彩度調整・フィルタの他に、文字を入れることもできます。編集の必要がなければそのままでかまいません

5. プロフィール設定画面に戻ったら、「更新する」をタップして設定完了

どのようなプロフィール画像が良いか

販売ジャンルが一定の場合は、**取り扱う品をイメージできるプロフィール画像**をお勧めします。例えば、手作りのジュエリーを販売する場合は「ジュエリー」の写真、サッカー用品なら「サッカー」の写真、農家なら「農園や野菜」の写真といった具合です。

Point
◆ 販売する物のイメージに合わせて画像を設定しよう

なお、顔写真は不要と言いましたが、**顔写真がダメというわけではありません**。メルカリをネットショップのように考えて、自身をどんどん前に出していくのであれば顔写真は良いでしょう。プロフィールを顔写真にしている方でよく見かけるのが、**農家の出品**です。**生産者の顔**を出して**安心感**を与えています。

ただし、**家庭の不用品をメルカリで売ることを中心に考えているなら、プロフィール画像は顔写真ではないほうが良い**でしょう。中古品を出品する場合、「こんな人が使っていたのか」と買う側が持ち主をイメージしてしまうからです。例えば、女子高校生のお嬢さんの使わなくなったものを、お父さんがメルカリで売っていたらどうでしょう。商品と売り主のイメージがかけ離れていたら、買うのを躊躇するかもしれません。

プロフィール画像はいつでも変更可能です。取り扱うものや、季節に合わせて設定してみてくださいね。

Point
◆ 家庭の不要品販売を中心にするなら、顔写真は避けたほうが無難

2-4　ニックネームの効果的な使い方

ニックネームの変更方法

　会員登録時に入力したニックネームはいつでも変更可能です。ニックネームの変更は、「プロフィールの設定」から行います。

1. 「プロフィールの設定」画面を開きます
2. ニックネームを変更します（20文字まで入力できます）
3. 「変更する」をタップして設定完了です

《 ニックネームの設定画面

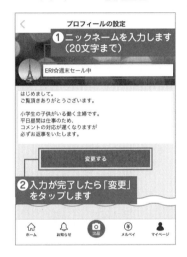

2

メルカリの基本を学ぼう

どのようなニックネームを付けるべきか

　メルカリのニックネームは、通常私たちが友達と呼び合うニックネーム（愛称）とはちょっと意味合いが違います。「**ショップ名**」や「**屋号**」に近いものと思ってください。「えりちゃん」「ともやん」のようなニックネームを設定しても構いませんが、メルカリでしっかりと収入を得たい、ネットショップのように運営したいと考える場合は、少しショップらしいニックネームをお勧めします。

　例えば、手作りアクセサリーの販売や、農家の野菜販売のように、売るものが決まっている場合は、「**SAKI☆手作りアクセサリーのお店**」「**野菜屋☆大吉**」のように、ひと目で何を売ってのるいるのかがわかるニックネームがお勧めです。「Daikichi」と「野菜屋☆大吉」であったら、どちらが印象に残るでしょう

39

か。出品者のニックネームを覚えている購入者は少ないですが、「Daikichi」より「野菜屋☆大吉」のほうが、「あっ！この人から買ったことがある！」と思い出してくれるかもしれません。前回の対応が良ければ、リピーターになってくれるでしょう。

◆ ニックネームはお店の顔。わかりやすくて惹きつけられる名前を
◆ 販売ジャンルが決まっている場合は、名前ですぐわかるようにする

また、セール販売中であれば「セール中」、長期間休む場合は「5/1 ～ 5/15まで配送休みます」のように、伝えたい内容をニックネームの中に組み込むのも効果的です。プロフィールを見てほしい場合は「プロフ必読お願いします」を加えるのもいいでしょう。

> 例 「セール中☆即購入OK☆ジュエリーSAKI」
> 「複数割引あり★タイムセール中★リカママ」
> 「Mom&Baby♡平日毎日発送」
> 「フラワーアート華♡プロフ必読願います♪」
> 「ALOHA7☆5/1～5/15まで配送休みます」

ニックネームはいつでも変更できますが、ショップの看板になる部分、上記の例で言うと「ジュエリー SAKI」や「フラワーアート華」の部分は、何度も変えないほうがよいでしょう。お店の名前は頻繁に変えないのと同じです。

最初は試行錯誤すると思いますが、リピーターに覚えてもらえるように、これと決めたら定着させましょう。

Point

◆ 「セール中」などアピール内容もニックネームに含める
◆ ショップの看板部分の名前は固定する
◆ 制限文字数20文字を目一杯活用してアピール！

2-5 ホーム画面とマイページの機能

ホーム画面の構成

****

メルカリを起動すると、最初にホーム画面が開きます。また、様々な設定はマイページから行います。ここではそれぞれの機能について説明します。

ホーム画面の機能は次の通りです。

《 ホーム画面

iPhoneの場合

Androidの場合

①マイページ
タップするとメニュー一画面（次ページ参照）が表示されます

②やることリスト
「商品の発送」や「取引相手の評価」など、取引上するべき作業が表示されます。未作業のものがあれば、メールの未読のようにアイコン上に数字が表示されます

③検索
商品を検索する際に使用します。キーワード検索、カテゴリーやブランド、写真から探すなどいろいろな探し方があります（51ページ参照）

④カテゴリー
ホーム画面にはおすすめ商品が表示されています。左右にスワイプすると、カテゴリーやメルカリ直営のストアなど表示が切り替わります

⑤出品
出品はここから行います。出品方法については4-1（64ページ）で詳しく説明します

⑥お知らせ
出品商品に「いいね」や「コメント」がついた場合や、メルカリ事務局からのお知らせが確認できます。ニュースを読むこともできます

⑦メルペイ
売上金やポイントの確認。売上金の振込申請などはここで行います。コンビニなどで使えるお得なクーポン券などもここで確認できます

41

メニュー画面の構成

✱✱

　「マイページ」をタップすると、メルカリのメニュー画面が表示されます。出品商品や購入履歴、またユーザーの個人情報の設定やメルカリへの問い合わせなどもここから行います。

《 メニュー画面（下に見切れている部分はスクロールして表示します）

● いいね！・閲覧履歴
　「いいね！」した商品や過去に閲覧した商品の一覧が表示されます。

● 保存した検索条件
　商品検索をした際に、検索条件を保存できます。保存した検索条件を表示して、再び検索できます。

- **出品した商品**

  出品した商品、出品して取引中の商品、売却済みの商品が確認できます。

- **購入した商品**

  購入して取引中の商品、過去に購入した商品が確認できます。

- **下書き一覧**

  出品準備中で下書き保存した商品の一覧が表示されます。

- **クーポン**

  メルカリが発行しているお得なチケットを確認できます。

- **招待してポイントGET**

  あなたが友達を招待するための招待コードを確認できます。招待コードを利用するとあなたとお友達にポイントがプレゼントされます。

- **ガイド**

  メルカリの使い方、ルールやマナー、利用規約などを確認できます。

- **お問い合わせ**

  よくある質問を確認できます。また、メルカリ事務局に問い合わせをすることができます。

- **メルカリボックス**

  メルカリユーザーの助け合い掲示板です。

- **個人情報設定**

  プロフィールや住所電話番号、支払い方法、メールアドレス、パスワード、ブロックした一覧などを確認・変更ができます。

- **お知らせ・機能設定**

  プッシュ通知する項目やメールでのお知らせなどの設定ができます（46ページ参照）。

2

メルカリの基本を学ぼう

Point

◆ メルカリに登録したら、実際に売買する前に、ひと通りメルカリの画面を触って使い方を覚えよう

2-6 「ガイド」をチェックしよう

初心者は「初めてガイド」で、メルカリのことを知ろう

メルカリには、家電のような取扱説明書がないので、初めて使う人は戸惑うかもしれません。そういったユーザーのために「**初めてガイド**」が用意されています。「マイページ」 ▶ 「ガイド」から見ることができます。

「初めてガイド」で、メルカリの概要や大まかな取引の流れを知ることができます。初心者向けに図解でわかりやすく解説されています。

《 初めてガイド

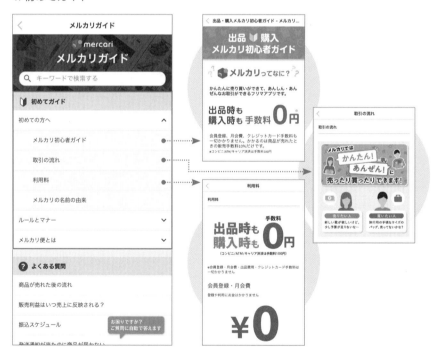

Point

◆ 初心者は、短時間で理解が深まる「初めてガイド」をチェック

どうしても困ったときは、メルカリ事務局に問い合わせてみる

　メルカリ事務局への問い合わせも、ガイドから行います。基本的に、わからないことはまずはガイドとよくある質問をチェックして、読んでも解決できないときは事務局に問い合わせてみましょう。問い合わせ内容に則した項目を順に選択していくと、詳細を入力する画面が表示されます。入力したら送信ボタンを押せば問い合わせ完了です。

　事務局からの回答は、メルカリに登録したアドレス宛にメールで届きます。返答に掛かる時間は、問い合わせ内容などによって異なります。

《 お問い合わせの手順

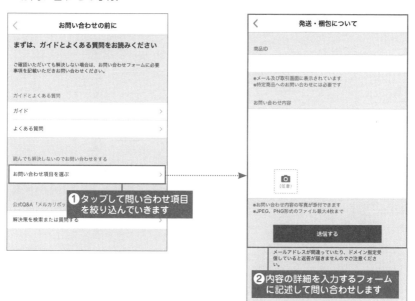

Point

◆ 困ったらまず「ガイド」と「よくある質問」をチェックする

◆ それでも解決しないときは事務局へ問い合わせる

2-7 便利な「お知らせ・機能設定」使いこなし術

「お知らせ・機能設定」とは？

32ページでも解説しましたが、メルカリでは取引に関連したお知らせやキャンペーン情報などがプッシュ通知やメールで届きます。通知の設定は「マイページ」 ▶ 「**お知らせ・機能設定**」で確認・設定変更できます。

《 お知らせ・機能設定画面

< お知らせ・機能設定	
プッシュ通知	
いいね！	⚪︎
コメント	⚫︎
取引関連	⚫︎
オファー	⚫︎
アナウンス	⚪︎
いいね！した商品の値下げ	⚫︎
いいね！した商品へのコメント	⚫︎
保存した検索条件の新着	⚪︎
フォロー中出品者の出品	⚪︎
メルカリボックス	⚫︎
メルペイ利用に伴う通知	⚫︎
メルペイからのお得な情報	⚫︎

夜間のプッシュ通知を制限するには？ ＞	
メール	
取引関連	⚫︎
オファー	⚫︎
アナウンス	⚪︎
いいね！した商品の値下げ	⚫︎
保存した検索条件の新着	⚫︎
メルペイ利用に伴う通知	⚫︎
メルペイからのお得な情報	⚫︎
取引関連についてはプッシュ通知またはメールを有効にする必要があります	
機能	
自動いいね！	⚫︎
お知らせ設定・機能設定とは？ ＞	

お知らせは「**プッシュ通知**」と「**メール**」があります。プッシュ通知とメールの両方で通知できる項目と、いずれかにしかない項目があります。

「**取引関連**」は重要な通知なので、どちらかを必ずオンにする必要があります。**見逃さないためにも両方オンにすることをお勧めします**。さらに「**コメント**」は、質問や取引のオファーへ迅速に対応するために、やはりオンにしておくことをお勧めします。「**オファー**」は、値引き交渉の通知です。「**取引関連**」

「コメント」「オファー」の3項目は、出品者にとって重要なお知らせです。有効にしておきましょう。

一方、**すべての通知をオンにしておくと煩わしく感じることもあるでしょう**。不要な通知をオフに設定したり、あまりにも頻繁に通知が来る場合は、通知をオフにして定期的にチェックすることで対処するなど、**自分自身でルールを決めて確認**してください。以降、各項目について解説します。

- **いいね！**
  出品商品に「**いいね！**」がついた際に通知されます。

- **コメント（通知オンを推奨）**
  出品商品に**コメント**がついた際に通知されます。

- **取引関連（通知オンを推奨）**
  商品が購入された場合や商品発送、評価完了など取引に関連する通知です。

- **オファー（通知オンを推奨）**
  自分が出品した商品に「**オファー**」（値引き交渉）があった場合や、購入者の立場でオファーしたものが承諾あるいはキャンセルされたときに通知が届きます（次ページ参照）。

- **アナウンス**
  プレゼントなどの、メルカリ運営から届くお得な情報を通知します。

- **いいね！した商品の値下げ**
  「いいね！」した商品が、一定額以上値下げされたときに通知します。

- **いいね！した商品へのコメント**
  「いいね！」した商品にコメントがついたときに通知します。

- **保存した検索条件の新着**
  保存した検索条件（58ページ参照）に新着商品が出たときに通知します。

- **フォロー中出品者の出品**

  フォローしている出品者が新規に出品したときに通知します。

- **メルカリボックス**

  公式Q&Aである**メルカリボックス**に関するお知らせを通知します。

- **メルペイ利用に伴う通知／メルペイからのお得な情報**

  メルペイ（メルカリの決済サービス）を利用した際や、メルペイからのお得な情報を通知します。

「オファー」機能

コメント欄で値引き交渉するのとは別に、「オファー」ボタンで値引きを依頼する方法があります。この機能は「インテリア・住まい・小物」「家電・スマホ・カメラ」「スポーツ・レジャー」カテゴリーに出品の商品のみに限定されています（記事執筆時点）。また、スマホアプリ限定の機能です。購入希望者が希望価格を入力して「オファーする」をタップすると、出品者に値下げオファーが届きます。出品者がオファーを承諾する場合は、オファーを受けてから24時間以内に「オファーの価格で売ります」をタップします。すると、購入者のやることリストに表示され、オファー価格で商品を購入することができるようになります。

この価格はオファーをした本人にのみ適用され、他のユーザーは通常価格での購入になります。オファーのやり取りは当事者以外は見えません。

なお、オファーをした人が購入の権利を獲得したわけではなく、オファーの承諾とは無関係に、先に購入手続きをした人が取引可能になります。

Chapter

3

購入者の視点で
メルカリを使ってみよう

3-1　メルカリの手数料について

売る場合にかかる手数料と、買う場合にかかる手数料

メルカリを利用する際に負担する手数料は、出品者が販売した際に支払う（売上の一部をメルカリが徴収）**販売手数料**と、購入者が支払いの際に一部支払い方法を利用する際に負担する**支払い手数料**です。

送料は出品条件によって異なりますが、メルカリでは多くの出品者が「**送料は出品者負担**」としています。「**支払い金額＝販売価格**」とわかりやすいためです。自分が出品する際も送料を含めた価格で出品するようにしましょう。

手数料のかからない支払い方法・かかる支払い方法

購入者が商品代金を支払う方法（決済手段）には、次の手段があります。**コンビニ決済、携帯キャリア決済、ATM払い**などの決済方法を利用する場合は手数料が100円かかります。**クレジットカード払い**や、**売上金・ポイントでの支払い**を利用する場合は手数料はかかりません。

- コンビニ決済（1回につき手数料100円）
- キャリア決済（1回につき手数料100円）
- ATM払い（1回につき手数料100円）
- クレジットカード払い（手数料無料）
- 売上金・ポイントでの支払い（手数料無料）

Point

◆ クレジットカード払いなら支払い手数料なしで購入できる

◆「送料出品者負担」商品なら「支払い金額＝販売価格」で安心♪

思い通りの商品を見つける
上手な商品リサーチ方法

４つのリサーチ方法

起動直後のメルカリのホーム画面には、過去の検索や購入履歴から導き出された「おすすめ」商品が新着順に表示されています。しかしものすごい勢いで流れていくので、欲しい商品を見つけるのは運任せです。

そこで、検索機能を上手に使ってお目当ての商品を探しましょう。メルカリで、商品を検索する方法には次の４つがあります。

- カテゴリーから探す
- ブランドから探す
- キーワードから探す
- 写真から探す（記事執筆時点、iPhoneのみ）

ホーム画面にある「🔍 なにをお探しですか？」をタップすると、検索メニューが表示されます。

《 検索メニューの表示

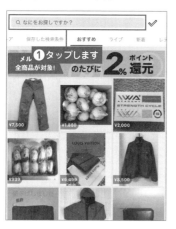

「カテゴリーから探す」方法

ホーム画面の上部に (検索フォームの下) に「スポーツ・レジャー」「おもちゃ・ホビー・グッズ」などといった、**商品カテゴリー**が表示されています。商品カテゴリーは次の通りです (記事執筆時点)。

- レディース
- メンズ
- ベビー・キッズ
- インテリア・雑貨
- 本・音楽・ゲーム
- おもちゃ・ホビー・グッズ
- コスメ・美容
- 家電・スマホ・カメラ
- スポーツ・レジャー
- ハンドメイド
- チケット
- 自動車・オートバイ
- おすすめ
- 新着

カテゴリー名を左右にスワイプすることで、表示カテゴリーを変更できます。

ホーム画面の「🔍なにをお探しですか?」をタップして表示される画面で「**カテゴリーから探す**」を選択することで、カテゴリーを絞り込んで商品を探せます (トップページのカテゴリー名と、「カテゴリーから探す」で表示されるカテゴリー名は微妙に異なるので注意)。

カテゴリーは**サブカテゴリー**に分類されています。例えば「インテリア・住まい・小物」 ▶ 「インテリア小物」 ▶ 「置時計」と絞り込んでいくと、出品が一覧表示されます。サブカテゴリーでキーワード検索も可能です。「**この条件を保存**」をタップすると絞り込み条件を保存できます。

《 カテゴリーから商品を探す

Point

◆トップページのカテゴリー名をスワイプするとカテゴリーを変更できる

◆キーワード検索でも、カテゴリーを絞り込んで検索可能

「ブランドから探す」方法

＊＊

お目当てのブランドがある場合は、**ブランドを指定してアイテムを探しましょう**。あいうえお順に並んで表示されているブランド名から探す方法と、検索枠にブランド名を入力して探す方法があります。

ブランド名を入力する場合、**ブランド名を一部入力すると補完候補が表示**されます。**英語・日本語どちらでも検索可能**です。

Point

◆ ブランドの一覧からと、ブランド名で検索する方法がある

「キーワードから探す」方法

＊＊

商品名など具体的なキーワードが決まっている場合は、「**キーワードから探す**」を利用しましょう。**キーワードを複数指定することで絞り込み（AND検索）ができます**。「サンローラン　長財布　ピンク」と指定すると、指定したキーワードすべてを含む商品を表示します。

キーワードを入力すると、補完候補が表示されます。**補完候補から思いがけない商品に出会う可能性もあります。**

検索結果に表示された商品は、商品説明文やタイトルに検索キーワードが含まれているものです。ただし、出品者の中には特定のキーワードで検索されるよう意図的に説明文の中にキーワードを含めていることもあります。そのため、検索キーワードとかけ離れた商品が表示される場合もあります。

《 キーワードで探す

検索キーワードを入力すると、補完候補が表示されます

Point

◆ キーワード検索は複数指定することで絞り込みできる

◆ キーワードを入力した際に表示される「補完候補」は重要な情報

「写真から探す」方法

手元に商品がある場合、その**写真を撮影して商品を探す**ことができます（記事執筆時点ではiPhone版のみ実装）。**撮影して検索すると、画像を解析して似た形状の商品が表示されます**。アイテムによってはまったく的はずれなものが表示されることもありますが、**思いがけない類似品が見つかることも**あります。

検索結果の表示順序を変更する

検索結果に表示される商品は、初期状態では「新しい順」（最近出品されたものが上に表示される）になっています。**表示順を並べ替え**することで、目的の商品を見つけやすくできます。右のように変更できます。

「**価格の安い順**」に変更すれば安価な商品を見つけられますし、「**いいね！順**」に並び替えると人気の商品

- 新しい順
- おすすめ順
- 価格の安い順
- 価格の高い順
- いいね！順

がわかります。どんな商品が人気があるのか、「いいね！」数が多い商品とそうでないものとの違いなどに注意して見ることで、出品時の参考になります。

検索結果をさらに絞り込む

現在の検索結果から、さらに条件を絞り込んで検索することができます。検索結果画面右上の「**絞り込み**」をタップすると、絞り込み条件を指定する画面が表示されます。様々な絞り込み条件があるので、工夫して目的の商品を見つけてみてください。「**価格**」で絞り込めば、予算の範囲内の商品を見つけられます。「**商品の状態**」で絞り込めば、新品商品だけに絞り込んだりできます。「**販売状況**」では、現在販売中の商品だけに絞り込んだり、逆に売り切れ商品のみに絞り込むことが可能です。**売り切れ商品**のみに絞り込むと、人気の高い商品の傾向を調べるときなどに役立ちます。

Point

◆検索結果はさらに、価格や商品状態、売り切れ商品などで絞り込める

3-3 出品者をチェックしよう

出品者のプロフィール・評価・コメントをチェック！

買うときはどうしても商品に注目しがちですが、メルカリは個人対個人の取引なので、「**誰から買うのか**」というのは非常に重要です。そこで、商品説明文だけでなく、**出品者のプロフィール**や**評価**をチェックしましょう。安心して取引できる相手かどうかがわかります。

> **Point**
> ◆ 買っていい出品者かどうか、プロフィールや評価をチェック

出品者のプロフィールを表示させるには、商品説明・商品情報の下にある「出品者」の出品者名部分をタップします。出品者のプロフィールでは、**出品者の評価**をチェックしましょう。プロフィール画面の「★」（あるいは「評価を見る」）をタップすると、「**評価一覧**」画面が表示されます。**評価を見ると、出品者が過去に取引でトラブルがなかったどうかを確認できます。**

出品者につけられる評価は「**良い・普通・悪い**」の３つです。取引相手の購入者が評価したものです。通常、特に取引に問題がなかった場合は「良い」をつけます。取引上、少しなんらかの不満を持った場合は「普通」、何かトラブルがあった場合「悪い」の評価をつけます。稀に、特に不満はなかったのに「普通」をつける購入者もいますので、１つ１つの「普通」は、さほど気にすることはないでしょう。

評価とともに、**コメントもチェック**してください。**コメントを読むと出品者の性格が見えてきます。**丁寧に対応してくれるかがわかり、取引しても大丈夫な相手か見当がつきます。

> **Point**
> ◆ コメントのやり取りで、出品者の性格が見えてくることも

手本になる出品者をフォローしてみよう

「この人ならリピート購入したい」「自分が出品するときにお手本になりそう」という出品者を見つけたら**フォロー**しましょう。フォローしたユーザーは「自分のプロフィール」の「フォロー中」から確認できます。価格の目安や商品説明の書き方、購入者への対応などをいつでもチェックできて便利です。

なお、「自分がフォローした人」「自分をフォローしている人」は、自分のプロフィール欄の「フォロワー、フォロー中」で公開されます。

● フォローの手順

1. フォローしたい人のプロフィールを表示します
2. 上部右側にある「＋フォロー」をタップします
3. 「フォロー中」と表示されます

● 自分がフォローした人を見る

1. 自分のプロフィール上部にある「フォロー中」をタップします
2. フォロー中一覧が表示されます
3. チェックしたい人をタップしてプロフィールを表示します

「お知らせ・機能設定」（46ページ参照）で、「フォロー中出品者の出品」を有効にすると、フォローした人が新しい商品を出品したときに通知が届きます。出品を見逃したくない場合に便利な機能です。

Point

◆ リピート購入したい人、出品のお手本になる人を見つけたら、いつでも確認できるようにフォローしよう

3-4 気になる商品は「いいね!」で保存

気になる商品に「いいね!」をつける

気になる商品を見つけても、購入を決断するに至らないときは、とりあえず「いいね!」をしておきましょう。「いいね!」に保存しておくと、また検索で探さなくても、すぐに商品を確認できます。複数の候補から商品を選ぶのも楽になります。

商品写真のすぐ下にある「♡いいね!」をタップすると「♥いいね!」と赤い♥マークに表示が変わります。もう一度「♥いいね!」をタップすると解除できます。

「いいね!」を付けた商品を確認するためには「マイページ」 ＞ 「いいね!閲覧履歴」をタップします。いいね!した商品が一覧表示されます。

《「いいね!」のつけ方

Hawaii Best of the Best

♡ いいね！ 2　　💬 コメント　　…

①タップします

商品の説明

「Hawaii Best of the Best」
小笠原リサ
定価：￥ 1,512

#小笠原リサ #本 #BOOK #地図 #旅行ガイド

Hawaii Best of the Best

♥ いいね！ 3

②赤いハートマークに変わります

Point

◆ 気になる商品を見つけたら、後からじっくりチェックできるように「いいね!」に保存しておこう

◆ 「いいね!一覧」で、購入候補を見比べることができて便利

3-5 検索条件を保存して 効率よく商品を探そう

検索条件を保存する

欲しいアイテムや売れ筋商品を探すとき、複数の検索キーワードを使用したり様々な条件を設定して検索することがあります。そのような場合は、**検索条件を保存**しておきましょう。検索時に、検索結果の画面下部に「**この検索条件を保存する**」と表示されるので、それをタップします。

検索履歴から検索条件を保存することもできます。保存したい検索履歴をタップすれば検索結果が表示されるので、同様に「検索条件を保存する」をタップします。

検索条件を登録する際に、「新着情報の通知」を有効にしておけば、保存したキーワードの新着情報を定期的に通知してくれます。

保存した検索条件は、検索画面を表示した際に画面中程にある「保存した検索条件」に一覧表示されます。

《 検索条件の保存の手順

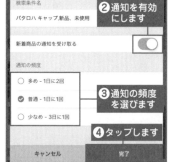

Point

◆ 検索条件を保存すれば、次回からすぐに検索結果を呼び出せる

◆ 通知設定を有効にしておけば、新着商品も見逃さずにすむ

3-6 商品を購入する際の手続き

決済（支払い）方法の選択

実際に商品を購入してから、行うべき手続きを説明します。

購入したい商品を見つけたら「**購入手続きへ**」をタップします。続いて**支払い方法**を選びます。

ポイントや**メルペイ残高**がある場合は、そちらにチェックが入っていて優先的に支払うようになっています。「**支払い用銀行口座を登録**」または「**アプリで簡単本人確認**」をしていない場合は、「メルペイ残高を使用する」の項目は選べません。**メルペイ**についてはChapter 9で詳しく解説します。

ポイントやメルペイ残高が不足している場合、あるいは他の支払い方法を選ぶ場合は「支払い方法」をタップします。

他の支払い方法は次の通りです。

《 商品購入〜支払い方法

- 銀行口座からのチャージ払い（Chapter 9）
- メルペイスマート払い（Chapter 9）
- コンビニやATM払い・携帯キャリア決済（手数料100円）
- クレジットカード払い（手数料無料）

決済方法を選んだら「購入する」をタップすると購入完了です。

Point

◆ 購入したら支払い方法を選択。残高から支払うか、別途支払いをする

3

購入者の視点でメルカリを使ってみよう

出品者に取引メッセージを送る

　購入したら、**出品者にメッセージを送っ
てみましょう。**メッセージの送付は義務で
はありませんが、メルカリでは商品購入後
に「出品者・購入者」双方からメッセージを
送るのが慣例となっています。メッセージ
は、商品ページ下部の「取引画面へ」をタッ
プして表示される「**取引画面**」で送れます。

　メッセージは難しく考える必要はなく、
次の例のように、挨拶程度の簡単なもので
構いません。

● 挨拶文例
「商品を購入させていただきました。到着
を楽しみにお待ちしております。」

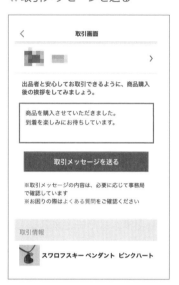

《 取引メッセージを送る

発送通知～受け取り評価

　出品者から商品が発送されると「**発送通知**」が届き、取引画面が「**受け取り評
価をしてください**」に変わります。商品を受け取って、中身を確認したら評価
を行います。必ず商品が到着して、中身を確認してから**評価**と**コメント**を入れ
てください。

　出品者が**メルカリ便**で発送した場合は、ここで発送状況や送り状番号を確認
することができます。

● 評価の注意点
　評価は「良い・普通・悪い」から選択します。**商品や取引に問題がなければ**

「良い」を選びます。稀に、問題がなかったときに「普通」を選ぶ人がいますが、**メルカリやオークションなどでは、何もトラブルがなければ「良い」を選ぶのが慣習です。**「良い」に ◉ がついているのを確認し、コメントを記入して「評価を投稿する」をタップすると取引が完了です。

　「コメント」はなくても評価できますが、**無言の取引は悪い印象を与えます。**「迅速なお取引をありがとうございました」など一言でいいので、お礼の言葉を記入するようにしましょう。

> **Point**
> ◆ 問題なく取引を終えたら「良い」を選択。メッセージも送ろう

● 取引に不満がある場合

　例えば「梱包が雑で商品がむき出しになっていた（商品は無事）」「新品同様のはずが、使用感を感じられた」などのように、**取引に少し不満があった場合は「普通」を選び、コメント欄に理由を記入**します。

　「音信不通で発送まで1週間以上待たされた」「明らかに出品者の梱包が雑なせいで輸送中にモノが壊れていた」「写真とかけ離れた商品が意図的に送られてきた（配送ミスで出品者に誠意がある場合を除く）」などといったような**大きな問題がある場合は「悪い」を選び**、同様にコメント欄に理由を記入して、出品者に伝えましょう。

　コメントは感情的にならず客観的かつ冷静に、どのような点に問題を感じたのかなどを、言葉を選んでコメントしましょう。コメントは他のユーザーも見られます。冷静さを欠くコメントは自分の印象を下げることにつながります。

> **Point**
> ◆ 取引に問題があったらコメントで理由も添えて「普通」「悪い」を選択

● 必ず受取評価を行う

　購入者が評価を完了しないと出品者に売上金が支払われません。メルカリは、運営が代金を預かり、無事取引が完了したことを確認してから、出品者に支払われるシステムです。商品を確認し、問題がなければ速やかに受取評価します。

なお、購入者による対応がない場合は「**発送通知をした9日後の13時**」に自動で取引が完了して支払われます。

Apple Payを使った支払い方法

iPhoneで「**Apple Pay**」が使える機種の場合は、Apple Payでも支払うことができます。商品画面の「購入手続きへ」の横の「Apple Pay」をタップします。

登録している電子マネーでよければそのまま、他の電子マネーに切り替える場合は、他の電子マネーを選んでから、iPhoneのサイドボタンをダブルクリックして支払い完了です。その後の手順は、通常の取引と同じです。

《 Apple Payでの支払い

丈：127センチありますが、丈詰めを手縫いでしております。
シミも細かいものが数か所

メルペイ残高 ¥1,440 と P2,169 をお持ちです

送料込み
¥4,000　　 Pay　　購入手続きへ

安価な生活必需品を購入して評価を増やそう

メルカリでは、家庭の不要品だけでなく、食品や生活雑貨など様々なものが、お手頃価格で出品されています。

スーパーやドラッグストアで買い物をする感覚で、メルカリでも買い物ができます。生活必需品なら無駄遣いにもなりませんね。出品初心者のネックである取引の評価数も、購入者の立場で増やせるので一石二鳥です。評価は出品・購入は分かれていませんので、**自分のアカウントの評価を上げるために、購入者として高評価を重ねていく**のも1つの方法です。

また、購入者目線でメルカリを使うと、評価の良い出品者はどのように取引を行っているのか、梱包はどうなのかなど、参考になる点が多々あります。

> **Point**
> ◆出品初心者は安価な生活必需品を購入して評価数を増やそう
> ◆購入者目線で、良い出品者の取引を学ぼう

Chapter

4

メルカリで出品するための
基本を押さえよう

4-1 商品出品、売れて売上金に反映されるまでの流れ

出品から取引終了までの流れ

ここでは、商品出品から売上金計上までの流れを説明します。各手順の細かな説明は後述しますので、ここでは流れをつかんでおきましょう。

> 1. 「出品」から出品作業を行う（次ページ）
> 2. 商品が売れたら通知を受け取る（66ページ）
> 3. 商品の梱包、発送手続き（67ページ）
> 4. 受取通知を受け、購入者を評価する（67ページ）
> 5. 売上金に反映される（67ページ）

出品手順

メルカリに出品する際の手順を把握しておきましょう。

> 1. 「出品」をタップ
> 2. 出品方法（写真を撮る、アルバムから選ぶ、バーコードなど）の選択
> 3. 「カテゴリー/ブランド（ない場合は空欄のまま）/商品の状態」の選択
> 4. 商品タイトルや説明文の入力
> 5. 配送料の負担「送料込み(出品者負担)/着払い（購入者負担）」の選択
> 6. 配送方法の選択
> 7. 発送元の地域を選ぶ
> 8. 発送までの日数「1〜2日/2〜3日/4〜7日」を選ぶ
> 9. 販売価格を入力する
> 10. 「出品する」をタップして出品完了

メルカリへの出品は、画面下部の「**出品**」から行います。

メルカリの出品では、最低でも1枚の**写真**が必要です。1つの出品に対して、最大10枚まで写真を掲載できます。写真は、出品時に撮影する方法（「**写真を撮る**」から撮影）、あらかじめ撮影しておいた写真を選択する方法（「**ギャラリー**」から選択）などがあります。

写真の選択ができたら、**商品カテゴリー**や**ブランド**、そして**商品の状態**（**新品**か**中古か**、など）を選択します。

次に、**商品タイトル**や**説明文**を入力します。商品タイトル等はテキストが自動で入力されることがあるので、そのままで問題なければ入力せずに先に進めます。商品タイトルや説明文についてはChapter 6で詳しく解説します。

《 出品開始方法

次に、配送関連の設定です。まず**配送**を誰が負担するのかを決めます。「**送料込み（出品者負担）**」あるいは「**着払い（購入者負担）**」のいずれかから選択します。次に**配送方法**を選択します。配送方法についてはChapter 8で詳しく解説します。さらに発送元の地域を選択し、発送までの日数（「1〜2日」「2〜3日」「4〜7日」）を選択します。

最後に販売価格を設定し、「**出品する**」をタップすれば出品完了です。

Point

◆ 「出品」から開始! メルカリの出品には、写真が最低1枚必要

◆ 商品タイトルや説明文、配送方法などを設定して出品する

4

メルカリで出品するための基本を押さえよう

商品が売れたら（通知とメッセージ送信）

出品作業が完了したら、商品がメルカリに掲載されます。実際に出品した商品が売れたときの流れを解説します。

1. 商品の写真部分に「SOLD」マークが表示される
2. メルカリアプリで通知が届き、「やることリスト」に、「発送」など次にするべきことが表示される。登録したメールアドレスにも通知が届く
3. 取引画面から購入者へメッセージ（御礼のメッセージ）を送信

出品した商品が売れると、商品の写真部分に「**SOLD**」マークが表示されます。同時にメルカリアプリで通知が届き、「**やることリスト**」に「発送」など次にするべきことが表示されます。登録したメールアドレスにも、通知のメールが届きます。

通知が届いたら発送にかかりますが、その前に「**御礼のメッセージ**」を購入者に対して送信しておきましょう。これは手続き上絶対に必要な作業というわけではありませんが、円滑な取引を実現するのに有用な作業です。取引相手へのメッセージは、「取引画面へ」をタップして表示される画面内のフォームから送信できます。

≪ 商品が売れたら

Point

◆ 商品が売れたら「やることリスト」にするべきことが通知される

◆ 購入者に「御礼のメッセージ」を送ると、印象よく取引を円滑にできる

商品の梱包と発送

商品を梱包し、**発送手続き**を行います。梱包についてはChapter 8で詳しく解説します。

梱包が済んだら、出品時に選択した**発送方法**で発送します。**メルカリ便**を用いれば、梱包した商品を**ローソン、セブンイレブン、ファミリーマートなどのコンビニや郵便局に持って行くだけで発送できます**。配送方法についてもChapter 8で詳しく解説します。

発送が済んだら、取引画面で購入者へ発送した旨メッセージを送りましょう。

購入者を評価して取引完了▶売上金に反映される

商品発送を済ませ、**購入者が商品を受け取り、購入者が受取評価をすると出品者に通知が届きます**。

続いて、**出品者も購入者を評価します**。取引に問題なければ「良い」を選択し、コメントを入力して「**購入者を評価して取引完了する**」をタップします。

これで取引が完了し、商品の売上金が出品者の「**売上金**」もしくは「**メルペイ残高**」に反映されます（本人確認もしくは銀行口座登録を行うことによって、反映先が異なります）。メルペイに関してはChapter 9で詳しく解説します。

《 売上金が反映される

Point

◆出品者が購入者を評価して取引完了

◆取引完了すると、売上金が出品者に反映される

4-2 CD・DVD・本・ゲームは バーコードを使って出品できる

商品のバーコードを読み取って出品

****

　初めてメルカリに出品するのにお勧めなのは、**CD・DVD・書籍・ゲームソフト**など、商品に**バーコード**表示があるものです。

　メルカリには、**商品のバーコードを読み込むと、自動的に商品タイトルや説明文、さらに売れやすい参考価格まで入力される機能**が備わっています。商品説明文に悩むことなくすぐに出品できるので、メルカリ出品初心者には特にお勧めです。

　バーコードを使った出品は、64ページで解説した出品手順の「2.出品方法の選択」で「**バーコード出品（本・コスメなど）**」を選択して行います。商品のバーコードを読み取ると、自動的に商品名や参考価格が入力されます。

《 バーコード出品

タイトルや説明文は自動入力のままで出品できますが、「**本にキズや書き込み
がある**」「**サイン本**」「**初版本で希少価値がある**」「**初回限定盤**」など、出品商品固
有の情報（購入者に伝えるべき内容）がある場合は自分で入力・設定します。

カテゴリーも自動で設定されます。カテゴリーが設定されていない場合や、
他のカテゴリーに変更したい場合は、手動で変更します。

また、同時に**参考価格**も表示されます。これは、過去にメルカリで売れた同
じ商品の価格を参考に割り出された価格です。自分で売れやすい価格を調査す
る手間が省けて便利です。この**参考価格は実際の販売実績を反映している**ので、
そのままの価格で出品するのをお勧めしますが、「もう少し高く売りたい」、「す
ぐに売れて欲しいので価格を下げたい」場合など、自由に価格を変更すること
もできます。

Point

◆ DVD・CD・ゲームソフト・書籍はバーコード出品すると、説明文や参
考価格まで自動入力されるのでらくらく出品できる

**バーコード出品できるのは、メルカリに
情報が登録されている物に限ります**。古い
CDや書籍、雑誌、洋書などバーコード出品
できない物もあります。その場合は、通常の
方法で出品してください。

また「**漫画全巻まとめ売り**」など、複数の
商品をまとめて売る場合は、バーコード出
品ではなく通常の方法で出品します。

書籍のように商品の**バーコードが2段あ
るもの**は、上のバーコードが商品の情報を
あらわし、下のバーコードは価格（定価）な
どをあらわしています。そのため、**上のバー
コードを読み込む**とうまくいきます。

《 上のバーコードを読み込む

一部の家電もパッケージのバーコードを読み込んで出品できるようになりました。今後もどんどん便利になっていきそうですね。

コスメ商品（化粧品）もバーコードでらくらく出品！

CD・DVD・書籍・ゲームソフトと同様に、**コスメ商品（化粧品）**もバーコードで出品できます。すべての商品が登録されているわけではありませんが、日本で販売されているポピュラーな商品は網羅されているようです。

外箱がない状態で販売されているものは、製品本体に印字されているバーコードを読み込んで出品します。外箱・外袋のある商品は、製品本体にバーコードが印字されていません。外箱を捨ててしまった場合はバーコード出品ができませんので、通常の方法で出品してください。

使用中のコスメを出品する場合は、トラブルを避けるためにも残量がわかる写真を掲載しましょう。また、商品説明文には購入時期や残量を必ず記載します。コスメ商品のバーコード出品では、読み取り時に参考価格が表示されますが、価格は自動では入力されません。中古の場合は、参考価格を基準に、残量によって値段を下げてください。

《 購入時期や残量を記載する

❶残量や購入時期を記入します

❷商品の状態を選択します

Point

◆ コスメ商品の出品では「残量」と「購入時期」の記載は忘れずに

◆ 残量がわかる写真があれば掲載しよう

「損をしない価格」はいくら?
手数料と送料を把握しておく

出品にかかる手数料と最低販売価格

++

メルカリは**出品時には手数料は必要ありません**。何点でも無料で出品できます。**手数料がかかるのは「売れた時」だけ**です。売れたときに、**販売価格の10%**が手数料として差し引かれて売上金に計上されます。

なお、**出品の最低価格は300円**です。300円より安い価格の商品は出品できません。300円で出品した場合、10%の手数料が差し引かれ、270円が売上金として計上されます。送料を出品者負担とした場合、ここからさらに送料が必要になります。

● **300円で出品した場合**

> 例 300円（出品価格）−30円（出品価格の10％）＝ 270円（売上金）

Point

◆出品に手数料はかからない。商品が売れたときに売上から10%の手数料が差し引かれる

送料は「出品者負担」が基本。送料を含めた価格設定をする

++

メルカリ出品は、**多くの人が送料を「出品者負担」にして出品しています**。これは、**送料出品者負担のほうが売れやすい**からです。送料込みでの出品が当たり前のような状況ですので、**送料の「購入者負担」出品は敬遠されがち**です。売れやすくするために、送料は「出品者負担」にすることをお勧めします。

そのため、利益を確保するためには、販売価格の設定をする際に、先に説明

した手数料（10%）に加えて、送料を上乗せする必要があります。

売上金 － 送料（出品者負担）＝ 利益（送料が上回ると赤字になる）

　販売価格が300円のものに送料が1,000円かかってしまっては赤字になってしまいますね。一般に大きくかさばるものは送料が高いので、送料の負担を考えると**「大きくて価値（値段）の低いもの」はメルカリ出品には向きません**。

　出品する前に送料と手数料から逆算して、「利益がでるかどうか」を判断してから出品しましょう。

　配送や送料についてはChapter 8で詳しく解説します。

Point

◆メルカリでは、送料は出品者負担（送料込み価格で販売）が一般的

◆販売価格は、送料負担を考慮に入れた金額を設定する

高く売れる値決めの秘訣
らくらくリサーチ法

「売れた商品のみ表示」で「売れた価格」を調べる

　メルカリの商品検索には、便利な「絞り込み機能」があります。「販売中」のものだけや「売り切れ」のものだけを表示することができます。商品を買いたい人は、「販売中」を選ぶことで、買えるものだけが表示されるので便利ですね。

　一方、商品を売りたい人は**「売り切れ」だけを表示することで、過去に売れた価格をリサーチすることができます**。「販売中」の商品価格は、出品者の「こんな値段で売れたらいいなあ」という希望価格なので、実際にその価格で売れるとは限りません。また、同じ商品でも販売価格にバラつきがあると、いくらで売ってよいのか値決めに迷います。

　例えば、自分が出品を予定している商品と同じものを出品している他の出品者が10,000円で出品しているとします。そこで、少し値を下げて9,800円で出品しても、過去に同じ商品が売れた価格の相場が5,000円だった場合、相場価格とかけ離れているのですぐに売るのは難しいかもしれません。一方、「こんなものきっと誰も買ってくれない」と思っていたものが、意外に高い値段で売買されているとわかることもあります。

　過去の販売価格をリサーチすることで次のような利点があります。

- 短期間で売れる可能性が高くなる
- 損をしない値決めができる
- 買ってくれる人がいるかどうか予測がつく

　自分の感覚のみで出品価格を決めないで、出品前にまず販売価格をリサーチしましょう。

> **Point**
> ◆商品の値段設定は「過去に売れた商品の価格」を調査して決めよう

過去に売れた商品だけを抽出する方法

＊＊＊

　53ページで紹介した商品のキーワード検索を実行します。「**商品の状態**」で自分が出品する予定の商品と同じ状態を選択し、「**販売状況**」は「**売り切れ**」を選択して「完了」ボタンをタップすると、**売り切れ商品のみを検索**できます。

《「売り切れ」商品に絞り込んで検索

❶商品の状態と販売状況が設定されているのを確認したら完了をタップします

❷「売り切れ」だけが新着順に表示されました

Point

◆商品検索やカテゴリー表示で「販売状況」を「売り切れ」に設定すると、過去に売れた商品だけを表示できる

検索結果は新着順で、一番上に表示されているものが直近で売れた商品です。**2週間以内に売れた商品は全て表示**されます。**それより古いものは、出品者が商品データを削除していないものだけ見ることができます。**

　検索結果の表示順序を変えることもできます。**価格の高い順にソート**することで、「同じ商品」「同じ商品の状態」なのに、**価格が高い理由を探る**ことができるかもしれません。少しでも高く売れている出品から、様々なヒントが得られるはずです。

- 写真が工夫されている
- 購入希望者の知りたい情報がもれなく説明文に盛り込まれている
- タイトルにはどんなキーワードを入れているか
- どのカテゴリーに出品されているか

　出品者の評価が高い、出品の時期が違うなど、説明文や写真以外の条件も価格に影響しますが、**高く売れている出品をお手本**にして、値決めや商品説明の参考にしてみてください。

　なお、参考にするのは問題ありませんが、文章をそのままコピーしたり、写真を無断使用したりするのは絶対にいけません。

Point

◆ 高額で売れている出品を探し、研究して参考にしよう

メルカリで出品するための基本を押さえよう

トラブル回避に知っておきたい、メルカリの独自ユーザールール

メルカリのルールとメルカリユーザーの独自ルール

メルカリには、メルカリが定めたルールとは別に、**メルカリユーザーの間で広く普及している独自ルール**があります。メルカリが公式に認めたものではなく、違反したからといって罰則はありません。また、その**独自ルールをメルカリは推奨もしていません**。

しかし、ユーザーの間では広く普及しているため、これを知らないとトラブルのもとになる恐れがあります。特に気をつけないといけないルールについてここで紹介します。

「○○様専用（専用出品）」

メルカリの出品商品を見ていると、「**○○様専用（専用出品）**」と書かれている物を目にすることがあります。これは、出品者と購入希望者との交渉が成立した後、**他の人に買われないようにする**ためその商品を購入希望者のために取り置きしているものです。

専用出品として取り置きされるのは、次のようなケースです。

- 「複数の商品をまとめ買いするので安くして欲しい」と依頼された
- オーダーメイドの商品を発注された
- 何らかの理由で入金まで少し待って欲しいと依頼された

あくまでもメルカリユーザーの独自ルールであって、メルカリが公式に認めたものではありません。**メルカリ規約では「即決した人に権利がある」**としています。専用出品の物を他の人が購入したからといって、罰則はありませんし、クレームも受け付けてもらえません。

しかし、ユーザーの間では広く普及しているルールであることも事実です。

そのため、「○○様専用」となっているものは購入しないよう気をつけましょう。

　専用出品をするには、**元の出品ページの商品タイトルを「○○様専用」に変えて専用出品にする方法**と、元の出品を取りやめて**新しく専用出品のページを作る方法**があります。

　さらに、次のようなことをしている出品者もいます。

- 他の人に買われないように、商品画像も
  「○○様専用」の文字を入れたものに差し替える
- 購入希望者の準備が整うまで、一時的に「999,999円」など
  高額な金額に変更しておく

　専用出品に対する捉え方は様々です。専用出品を受け付けていない出品者もいます。また、専用出品にすることで購入希望者が安心してしまい、なかなか決済してくれないということもあります。

　メルカリの公式ルールではないので、特別な理由がない限り安易に専用出品の依頼を受けるのは避けて、できるだけそのまま購入してもらうようにするのがよいでしょう。

Point

◆「専用出品」は、購入希望者用への取り置き商品

「○○様お取り置き中」「○○様★★日までお取り置き中」

　「**お取り置き中**」と書かれた出品は、**購入希望者がすぐに入金できない場合**に用いられます。「○○様専用」で対応している出品者もいます。

　購入者が出品者に対して取り置きを依頼するのは、次のようなケースです。

- 近日売上金が入るのでそれを購入資金に当てたい
- お給料日まで待って欲しい
- クレジットカードの決済期限後に買いたい

「売上金が入ることが確定している」など、理由や期日がはっきりとしている場合は、受けても問題は少ないかと思います。しかし、そのまま放置して購入しない人も中にはいます。そのため、**取り置きを受ける場合は期限（長くて1週間）をきちんと提示**しましょう。

取り置き出品にしていても、システム上制約があるわけではないので、他の人が購入することは当然あります。メルカリ公式ルールでは、最初に決済した人に購入の権利があるので、それを禁止することはできません。

Point

◆ 出品者の立場で取り置きを受ける場合は、必ず期限を設定する

横取り禁止

横取り禁止とは、「専用出品」や「お取り置き中」の商品を、他の人が購入することを禁止することです。これもメルカリ公式ルールではないので強要はできませんが、自分が購入者の立場の場合は買わないほうが無難です。

即購入禁止

メルカリに出品されている商品は、誰もが即購入でき、事前交渉の必要はありません。しかし、「コメント欄に書き込みをして、了承を得てから購入して欲しい」という出品者が、プロフィール欄や商品説明文に「**即購入禁止**」と記載していることがあります。

出品者が即購入を禁じているのには、次のような理由が考えられます。

- 1つしかない商品を他のフリマアプリでも同時に出品しているため在庫を確認してから売りたい
- オーダーメイド商品を専用出品で受けるためのサンプルページであるため
- 売る相手を選びたい

即購入禁止の出品者から購入する場合は、コメント欄で購入意思を表明して、相手からの返事を待ちます。

筆者は即購入禁止を一切行っていません。購入希望者に「すぐ買うな！」と強制できないですし、在庫管理は出品者の責任だと思っているからです。また、そもそもメルカリでは無在庫販売は禁止されています。

逆に「購入してもよいか」といちいち尋ねられるのが煩わしいと感じる場合は、「即購入OK」「即購入大歓迎」などと説明文やプロフィールに記載しておくとよいでしょう。寝ている間に、勝手に売れていたりしますよ。

> **Point**
> ◆ メルカリでは原則即購入がルールだが、禁止している出品者もいる
> ◆ 出品者の立場なら、逆に「即購入OK」「即購入大歓迎」とアピールも

コメント逃げ・質問逃げ

「コメント逃げ」「質問逃げ」とは、購入希望者が出品者に質問や値引き交渉をして、出品者が答えたにも関わらず、音沙汰がなくなることです。「値引き金額が希望に達しなかった」「質問で確認したが想像していた商品と違った」など購入する気持ちがなくなった場合でも、断りのコメントをするのがマナーです。

一方、過去に不愉快な購入希望者に出会って「コメント逃げ禁止！」などとプロフィールや説明文に記載する出品者もいます。これは「感情的な出品者で怖い」というマイナスのイメージを、新規の購入希望者に与えてしまいます。

自分が購入希望者であればマナーを守り、出品者であれば「いろんな人がいるなあ……」と受け流す余裕を持ちたいですね。

プロフ必読

プロフィールに出品者の独自ルールを記載している場合、「プロフ必読」とニックネームや商品説明文に記載します。ただし、このように書いていても購入希望者がプロフィールを読んでくれるとは限りません。必ず読んで欲しい事柄は、商品説明文にも記載しておくことをお勧めします。

> **Point**
> ◆ 「プロフ必読」は読んでもらえるとは限らない。説明文にも記載しよう

4-6 出品してはいけないもの、禁止されていること

メルカリのルールをガイドで確認

メルカリはユーザーが自由に自分のものを出品できるサービス・アプリですが、**出品できる物には制約があります**。ここではメルカリに出品してはいけないものと、禁止されている行為を解説します。

メルカリの規約・ルールは「マイページ」▶「ガイド」▶「初めてガイド」▶「ルールとマナー」で確認できます。禁止行為や出品物について詳しく説明されています。ルール違反をすると、**アカウントの利用停止**や**退会処分**の対象になります。取引を始める前にルールに目を通しておきましょう。

《「ルールとマナー」

Point

◆ 知らずにうっかりメルカリのルールを破っては大変！ 取引開始前に、必ずメルカリガイドでメルカリのルールをしっかり確認しよう

主な出品を禁止されている物

● **偽ブランド品や知的財産権を侵害する物**

「パロディ」や「○○風」などの模倣品や、ブランド品の海賊版の販売は、知的財産権の侵害になり、禁止されています。正規品の証明となる購入時のレシートやシリアルナンバーがある場合は、写真で掲載し、どこで買ったかなども記載しましょう。

- 18禁、アダルト商品

  アダルト商品は全面禁止です。成人指定でない商品でも、疑わしい場合は削除され
  ます。判断が難しい商品は、メルカリ事務局に問い合わせてから出品しましょう。

- 使用済みの下着、スクール水着、体操着、学生服類など

  これらは、**青少年保護・育成および衛生上の観点から出品が禁止**されています。**ク
  リーニング済みでも販売NG**です。

- 医薬品、医療機器

  薬機法の許認可がなく医薬品を販売することはできません。メルカリでは販売禁
  止されています。また、**コンタクトレンズ、家庭用電気マッサージ器などの医療機
  器も販売できません**。

- 手作り化粧品類、化粧品類の小分け、海外から個人輸入した化粧品

  これらも**薬機法における許認可が必要な商品**であるため、メルカリでは全面販売
  禁止です。例えば、**手作り石鹸やコスメ、アロマオイルを使った手作りのスプレー
  などは販売できません**。

- 手作りの食品、開封済みまたは到着後1週間以内に消費（賞味）期限が切れ
  る食品、生の食肉・魚介類

  自作クッキーや**料理**など、保健所の許可のない**食品は出品できません**。また、保健
  所の許可を得ていても、生の食肉や魚介類の出品はできません。

  既製品の食品を出品する際は、**賞味期限のわかる写真や食品表示が確認できる写
  真を掲載**してください。

- たばこ

  たばこ、葉巻、ニコチンが含まれる電子たばこも禁止されています。

- 現金、金券類、カード類

  現金、金券、プリペイドカードなどの出品は禁止されています。具体的には次のよ
  うなものです。

  チャージ済みのプリペイドカード類（Suica、楽天Edy、nanaco、WAONなど）、
  オンラインギフト券（iTunesカード、Amazonギフト券など）、商品券、ギフト券、
  株主優待券、航空券、乗車券、旅行券、クレジットカード、キャッシュカード、債
  券、小切手、未使用の切手（日本の切手）、収入印紙、登記印紙、宝くじ、勝馬投
  票券、貴金属の地金（インゴット）など。

- **図書カード、テレホンカード、QUOカード**
  図書券（図書カード）、テレホンカード、QUOカードなども出品できません。ただし、キャラクター・芸能人・キャンペーン当選商品などのテレホンカードなど、**コレクション目的とみなされるものは出品が可能**です。

- **チケット類**
  転売目的で得たとみなされるチケットや、代金支払い証明書・引換票・別途支払いが必要なチケットなどの販売は、トラブルの恐れがあるため出品禁止です。

- **ゲームアカウントやゲーム内の通貨、アイテムなどの電子データ**
  ソーシャルゲームなどのアカウント、ゲーム内で使用する通貨やアイテムなどは、メルカリでの売買は禁止されています。

- **物品ではないもの（情報、サービスの提供など）**
  情報商材（ノウハウや情報の提供）や役務などの販売、**宿題**や**自由研究**、**論文**のような本来本人が行うべき行為を**代行・代筆（完成品を含む）の請け負いは禁止**です。ただし、**オーダーメイド品の請け負いは、出品時に商品サンプルの写真・詳細説明文を添えれば可能**です。

- **手元にないもの**
  出品者の手元に在庫がないものを出品し、購入者が現れてから仕入れをして販売することを「**無在庫販売（無在庫転売）**」といいます。無在庫販売は禁止です。他のECサイトから直接商品を発送する行為、配送代行サービスの利用も禁止です。また、発売前、公開前で手元にないものとみなされているもの、取り寄せが必要な商品も販売禁止です。

- **福袋**
  福袋のような形態の商品は出品禁止です。中身のわかる写真や説明文に商品の名称が記載されていないものの販売は禁止されています。

その他、ロック・利用制限された携帯端末、契約中や残債がある携帯端末、生き物、他に事務局が不適切と判断したものの出品が禁止されています。また、当然ですが日本の法律で売買や所有が禁止されているものも出品できません。

Point

◆ メルカリのルールで出品禁止されている物をチェックしておこう

◆ 日本の法律に違反する行為、物品等の取引も禁止

メルカリで禁止されている行為

● 商品の到着前に受取評価をさせる行為

メルカリは受取評価後に売上金が計上される仕組みです。そこで、「早く売上金が欲しい」ため、商品が届いてないのに「受取評価」を依頼する出品者がいます。これは規約で禁止されています。

商品到着前に受取評価をすると、トラブルになった際に購入者がメルカリのサポートを受けられない恐れがあります。出品者から評価を催促されても、**自分が購入者の立場のときは商品を確認するまでは絶対に評価はしない**ようにしましょう。

● 返品やクレームの全面禁止

商品説明に「**ノークレーム・ノーリターン**」や「**返品不可**」と記載する行為は禁止されています。

● 商品画像や文章の盗用

インターネットで入手した写真の掲載、他の出品者の写真や文章を使用する違法行為は禁止されています。これはメルカリの規約で禁止されていると同時に、著作権の侵害にもあたり法律でも禁止されている行為です。

● キーワードを羅列する

商品検索の対策で、**説明文に商品とは関係のないキーワードを羅列**する人がいますが、これは禁止されています。

● メルカリ内での転売

メルカリで購入した商品を、購入価格と著しくかけ離れた高い金額で販売することは禁止されています。ただし、メルカリで買ったけれど必要なくなった、サイズが合わなかったなど、またメルカリで売りたい場合、送料やメルカリの手数料を上乗せしての出品は許容されています。

なお、**メルカリ外で購入した商品をメルカリで出品する行為は問題ありません。**

● 出品者とは別の第三者の商品を出品する

友人や家族から預かって出品する行為は禁止されています。出品はあくまで自分のものに限るということです。持ち主から商品をもらい、自分のものとして出品することはかまいません。

● オークション形式での出品

メルカリはフリマアプリ・サービスです。コメント欄を利用して「高値をつけた人

に売ります」などオークション形式での販売は禁止されています。

● **買う商品を選ばせる行為**

1つの出品に複数の商品を陳列し、どれが欲しいか選ばせる行為は禁止されています。色違いやサイズ違いの商品がある場合は、1つずつ出品しましょう。なお、オーダーメイド商品のオーダーは、これに該当しません。

● **メルカリ指定ではない決済方法**

メルカリへの出品物は、メルカリのシステムを利用して決済するルールです。購入者に取引メッセージを利用して、振込口座に振り込ませるなどといった行為は禁止されています。

● **海外から商品を配送すること（海外へ商品を配送することも禁止）**

出品者が海外から商品を発送する行為、および購入者が海外へ商品発送を求める行為は禁止されています。また、出品を禁止されているものでも解説しましたが、無在庫販売も禁止されています。

● **外部サービスに誘導する行為**

商品説明文などで、メールアドレスや外部のホームページURL、SNSのIDを掲載して外部に誘導することは禁止されています。

● **勧誘活動を行うこと**

マルチ商法（マルチレベルマーケティング：MLM）やネットワークビジネスなどの勧誘も禁止されています。なお、ねずみ講への勧誘も、規約以前に法律で禁止されているのでできません。

その他、迷惑行為や複数のアカウントを所持することも禁止されています。

Point

◆ メルカリのルールで禁止されている行為をチェックしておこう

Chapter

5

差がつく商品写真の
撮影テクニック

5-1 売れるかどうかは 1枚目の写真で決まる!

1枚目の写真は「商品の顔」

メルカリでは、膨大なアイテムが毎日出品されています。その中から、購入者にあなたの商品へ関心を持ってもらうためには、「**1枚目の写真**」がとても重要になります。どんなに魅力的な商品説明文を書いても、まず、写真に目を留めてもらわなければ、その先の商品説明文までたどり着くことはありません。

1枚目の写真は「商品の顔」です。特に力を入れましょう。わかりやすく、見やすい、清潔感のある写真を心がけましょう。

商品写真を撮影するのに、**デジタル一眼レフカメラなどの高価な機器は必要はありません**。**スマホカメラで十分**です。そして、プロの腕前も必要ありません。何よりも「**丁寧に気配りができている写真**」だと伝わることが大切です。

> **Point**
> ◆ 商品が売れるかどうかは、1枚目の写真にかかっている。

他の出品者の写真を研究する

最初は、どのような写真が「良い写真」であるかすらわからないと思います。そういう場合は「**自分が購入者だったらどんな写真が目に留まるだろう**」と考えながら、他者の出品を研究してみましょう。

自分の出品ジャンルに近い商品を検索して、**目を引く写真**を見つけてください。写真の良し悪しがわからない場合は、**同種の商品でも高い値段で売れている商品、たくさん「いいね!」がついている商品**を参考にしてみましょう。

どのような写真の商品が売れているか、どのように撮られているかがわかれば、写真を上手に撮れるようになります。まずは、**お手本になる写真を見つけて真似してみましょう**。

出品写真のコツ

****

出品写真を撮る際のコツは右の通りです。

まず、**商品写真の1枚目は、出品商品と
その付属品すべて含めて一緒に1枚の写真
に**おさめてください。

* 付属品はすべて一緒に写す
* 商品全体がわかるもの
* 安心感を与える工夫
* 明るい写真

例えば、ブランド物の財布であれば、購
入時の箱もあれば丁寧に保管されていると購入者は感じるでしょう。箱の有無
で販売価格にも差が出ます。箱やギャランティーカード、保存袋など付属品を
含めた写真を1枚目にしましょう。

なぜ1枚目に含めるかというと、**検索時に2枚目以降の写真を見るユーザー
は極めて稀だからです。大多数のユーザーは、1枚目の写真のサムネイルしか
見ません。**そのため、付属品を2枚目以降の写真に掲載すると、大多数のユー
ザーにはその存在を知らせることができません。1枚目で「箱がない」と判断さ
れてしまうと、商品ページを見てもらえないかもしれないのです。

また、1枚目の写真は商品の一部分ではなく、**出品物が何であるか一目でわ
かるように全体が入るように写しましょう。**

さらに、**安心感**を意識した写真を心がけます。例えば古着を出品する場合は
**クリーニング済みであればクリーニングのタグが見えるように、新品タグ付き
ならタグが見えるように、保証書があるなら保証書も**商品と合わせて写します。
これによって安心感を与えることができます。

夜に照明の下で撮影した暗い写真は避けましょう。できるだけ**昼間の自然光
で撮影した明るい写真**を掲載します。これで受ける印象がまったく異なります。

> **Point**
>
> ◆ 1枚目の写真には付属品も含めて、商品全体を写す
> ◆ 安心感を意識した写真を心がける

5

差がつく商品写真の撮影テクニック

5-2 写真をワンランクアップさせる撮影テクニック

写真の印象を良くする具体的なテクニック

＊＊

　前節で、1枚目の写真の重要性を説明しました。ここでは具体的に「**良い写真を撮影するためのコツ**」を紹介します。基本的なことですが、これらを実践するだけで、ぐっと写真の印象が良くなります。

❶自然光で撮影する

＊＊

　撮影は**日中の自然光のもと**で行うのが一番です。日当たりのいい窓辺があればベストです。レースのカーテンやすりガラス越しであれば、やわらかい光で撮影できます。夏以外の季節であれば、屋外でも撮影可能です。

　夜、照明下での撮影は、照明の光に左右されて商品本来の色が写真に出ません。そのため「想像していた商品と違った」とクレームを招く原因になることもあります。また、商品の素材によっては、照明の光を反射して見づらい写真になってしまいます。夜の撮影はなるべく避けるようにしましょう。

《 レースのカーテン越しの窓辺

《 照明の光が反射している

◆ 写真撮影は日中の自然光が一番。夜の撮影はなるべく避ける

❷背景をスッキリさせる

****

　商品写真を撮影する際、ごちゃごちゃしたものが目に入らないようになるべく**背景はスッキリ**させておきましょう。商品写真は**インスタグラム** (https://www.instagram.com/) などSNSに投稿する写真とは違います。商品そのものの良さをシンプルに伝えるため、商品の背景に余分な物が写り込まないほうが良いのです。いくら写真がキレイに撮れても、主役の商品以外の物が写り込んでいると、商品写真としてはマイナスです。

　背景が散らかった部屋だったり汚れた壁だったりだと、ゲンナリしてしまいますね。**通販の商品カタログは、品物の背景が何もなくスッキリしています。**

　白壁や無地の壁など広い空間があればベストです。そのような場所がない場合は、大きなダンボールに壁紙シート（100円ショップなどに売っています）を貼って背景を作りましょう。

　小物を上から撮影する場合は、**白い画用紙やシーツの上に置いて撮る**といいですよ。

❸小道具を使う

****

　ブックスタンドや**ミニイーゼル**、レフ板の代わりになる**白い紙**、**ホワイトボード**や**アルミシート**などの小道具があれば、撮影に便利です。いずれも100円ショップなどで手に入ります。

　アルミシートはダンボール紙などに貼って使います。ホワイトボードや白い紙のレフ板より光を反射します。光の差し込み具合によって、白いレフ板、アルミのレフ板と使い分けるといいでしょう。

　ブックスタンドは、複数の本を立てて撮影するときに支えとして、またレフ板の支えとしても利用できます。**ミニイーゼル**は、絵皿やCD、DVDを立てて飾るのに最適です。

5

差がつく商品写真の撮影テクニック

商品に寄って撮影するときに活躍するのが**スマホ用の三脚**です。手ブレを防ぎます。

《 レフ板用ホワイトボードとアルミシート、ブックスタンド、ミニイーゼル

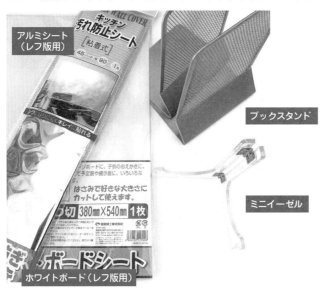

《 スマホ用三脚　　　　　　　　　　　　《 ミニイーゼルにCDを立てて撮影

素人撮影から抜け出すための「レフ板」の役割

商品撮影の際、ときに「**レフ板**」が大活躍します。**レフ板に光を反射させて被写体を照らすと、被写体の影が薄くなり明るくなります。**

レフ版といっても、特別な物は必要ありません。100円ショップで手に入るグッズを利用して簡単にレフ板撮影ができます。**レフ板があれば、メリハリの効いた写真を手軽に撮ることができます**よ。

> **Point**
>
> ◆レフ板を使って、被写体の影をなくし明るい写真を撮ろう!

レフ板の使い方

レフ板は**光源の光を反射させて、被写体を照らす**ものです。ですので、光が入ってくる方面と向き合うように (光源の反対側に) 置いて使います。

レフ板を被写体に近づけたりして反射させる度合いを調整して、レフ板を置くポイントを決めましょう。

《 レフ板の置き方

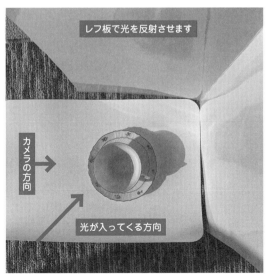

レフ板で光を反射させます

カメラの方向

光が入ってくる方向

《 レフ板なしで撮影した写真

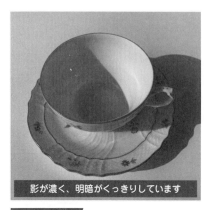

影が濃く、明暗がくっきりしています

《 レフ板ありで撮影した写真

影が薄くなり、全体が明るくなりました

Point

◆ レフ板は、光が入ってくる方向と逆の位置に配置して光を反射させる

スマホカメラが得意なアングル・苦手なアングル

　スマホカメラは真正面や真上から撮影するときれいに撮れますが、**斜めからの撮影や、被写体に近づきすぎると歪む、という性質**があります。そのため、例えば丸いお皿はオーバル（楕円形）ではなく、ちゃんと丸く見えるように撮影することにも気を配りましょう。

《 真正面から撮影

《 斜め上から撮影して歪んだ写真

商品を歪めずに撮るには、撮影の際に対象から少し離れて撮影するのがコツです。**距離を取った上でズーム機能で拡大すると、歪みが少なくなります。**

《 歪まない写真を撮るには、少し離れて（左）ズームで撮影（右）する

Point

◆ スマホは接写すると歪みやすいので、距離をとってズームで撮る

購入者が欲しい情報を押さえる 商品ジャンル別の撮影ポイント

購入者が気になるポイントはどこ？

メルカリ出品では写真がとても重要です。「**自分が購入者だったら気になると ころはどこか**」を常に考えて撮影することを心がけましょう。

商品の気になるポイントは、商品説明文に書くだけでなく写真を掲載するほ うが親切で、購入者の視点からも安心して購入できます。**メルカリでは写真は 10枚まで掲載できるので、なるべくたくさん商品を撮影しましょう。**多くの情 報を写真で提供することで、売れる確率も上がります。

> **Point**
> ◆「自分が購入者だったらどこを見たいか」を考えて撮影する

「不具合を隠さない」「正直に撮る」のが基本

商品に汚れなどの難がある場合は、必ずその部分も撮影します。「汚れた部分 を撮影したら売れなくなるのでは？」と心配するのは間違っています。

難があっても値段相応なら買う人はいます。逆に**不具合を隠して売ってしま うと、後のトラブルに発展します。**「クレームを言われたらどうしよう」とドキ ドキしながら売るよりも、マイナス面をちゃんと伝えた上で販売したほうが、 精神衛生上も良いですね。**検品ミスによるトラブルがメルカリでは一番多いの で、汚れやキズは写真と商品説明文で正直に伝える**ように心がけてください。

> **Point**
> ◆ 汚れやキズなど不具合部分は隠さず、正直に撮影する

「衣類」の撮影ポイント

衣類には様々な種類がありますが、撮影のポイントはほとんど同じです。まず「**全体**」**が写っている写真は必須**です。次に「**使用感**」**が出やすい部分を撮影**しましょう。**トップスなら袖口や襟、ボトムスなら膝や裾、お尻**の部分。**コートなどはポケット周り**も重要です。ほつれや汚れがある場合は、その部分も撮影します。

もう1つ、衣類で気になるのは品質。**品質表示のタグ**も撮影しておきましょう。**クリーニング済みなら、クリーニングのタグ**も撮影します。

また、シワになりやすい衣類は、**アイロンを掛けてから撮影**する気配りも忘れずに。

《 シワシワのTシャツ

《 アイロンを掛けたTシャツ

《 襟のアップ

《 品質表示のタグ

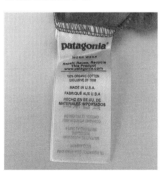

例として前ページのTシャツの写真を見てみましょう。アイロンを掛けていないシワシワのTシャツはだらしない印象を受けます。 アイロンを掛けたTシャツはシワが伸びて、見た目もスッキリ。商品価値も上がります。Tシャツは襟が伸びやすいので、襟部分のアップ写真も掲載しましょう。品質表示タグの写真を入れることで、写真だけでは伝わり難い素材のイメージも伝わります。

ワンピースはハンガーにかけて撮影するのが一般的ですが、フレアースカートのように広げてキレイに見えるものは、床置きにしてスカートの裾を広げて撮影するのもお勧めです。

《 ワンピースを吊り下げて撮影

《 ワンピースを床置きで撮影

Point

◆ 衣類の撮影では、使用感が出やすいところは特に重点的に撮る

◆ 品質がわかるタグなども撮って安心感をアピール!

「ブランド物」の撮影ポイント

ブランド物の撮影は、まず正面から商品全体をおさめ、付属品（箱やギャランティーカード、保存袋など）がある場合はそれも含めて1枚目の写真として撮影します。次に裏側、側面、底面、ファスナー部分、内側、ロゴの部分など、

なるべく多く写真を撮影するようにしましょう。

　また、キズや汚れがある場合は、その部分も撮影します。特に高級ブランド品は高い買い物になるため、購入者はくまなく商品のディティールをチェックしたいものです。

《 商品の全体（正面から）

《 商品の裏側

《 商品の底面

《 商品の側面

《 商品のロゴ部分

《 商品の内側

Point

◆ ブランド物は、箱も1枚目におさめる

◆ 高級ブランドは買うほうも慎重なので、できるだけくまなく写真を撮る

「本」「雑誌」の撮影ポイント

漫画や参考書などを**複数冊まとめて出品する場合、1枚目は全冊の表紙が見える写真**にします。数冊程度なら、扇形に重ねて上から撮影するのがお勧めです。漫画の全巻セットなどの場合は、ブックスタンドを利用して背表紙が並んだ状態で撮影しましょう。2枚目は、同様に前冊の裏表紙も撮影します。

側面の変色も気になるポイントなので、側面が見えるように撮影してください。書き込みやキズ、汚れがある場合は、その部分も忘れずに撮影しましょう。

《 扇型に重ねた漫画（表）

《 扇型に重ねた漫画（裏）

《 漫画の側面

Point

◆ 本をまとめて出品する場合は、全冊の表紙が見える写真を1枚目に

◆ 側面の変色も必ず撮影しておこう

電製品の撮影ポイント

❋❋❋

　家電製品では、**型番**や**製造年月日**がわかる部分があれば撮影します。家電はマイナーチェンジが多いので、外観を見ただけではモデルによる商品の違いがわかりません。そのため、**型番で検索する人が多い**からです。

　機能がわかる部分、汚れている部分、不具合の部分もあわせて撮影しましょう。撮影前にきれいにしたほうがいいですが、手入れができない場合は割り切ってそのまま撮影しましょう。

《 家電の全体の写真

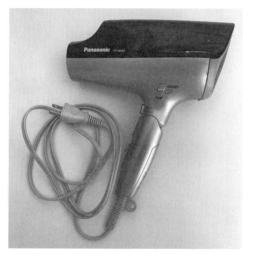

《 家電の型番部分

《 傷みやすい
　コードの付け根部分

《 家電の機能がわかる部分　《 汚れが気になる部分

Point

◆ 家電製品は型番がわかる写真を掲載する

食器の撮影ポイント

食器の写真では、外側、内側、裏側、ブランドの記載がある場合はその部分も撮影します。持ち手部分や底は、汚れが気になるポイントです。柄がアピールポイントなら柄がキレイに見えるアングルを考えて撮影しましょう。

《 食器の表面

《 底面も汚れが気になるポイント

《 食器のロゴのアップ

Point

◆ ブランド食器の場合はロゴのアップも撮ろう

◆ 底面や取手は汚れが気になるポイントなので、特に忘れないよう注意

香水・化粧品などの「残量が気になる商品」の撮影ポイント

　香水や化粧水の瓶などは、残量がわかるように角度を工夫して撮影します。窓辺で自然光を取り入れると、透明感のあるきれいな写真が撮れます。箱がある場合は**箱も一緒に撮影しましょう。**

《 香水瓶の撮影

《 使いかけの場合は残量がわかるように

Point

　◆ 香水や化粧品は残量がわかるように撮る

　◆ 箱がある場合は箱も一緒に

アクセサリーなどの撮影ポイント

　アクセサリーの写真は、肝心の**デザイン部分がしっかりと見えるように撮影**します。**サイズ感が伝わらない場合は、サイズをイメージしやすいものと一緒に撮影する**のもお勧めです（次節で解説）。例えば、リングならコインと一緒に撮影します。

　小さな物に寄ってズームで撮影する場合、手ブレに注意してください。どうしてもピントを合わせるのが難しい場合は、三脚を使って撮影してみましょう。手ブレを防いで、ピントを合わせやすくなります。

アクセサリーのケースがある場合は、ケースも一緒に撮影します。

《 リングを上から撮影したもの。
　台座のデザインがよくわかりません

《 石の部分がわかるように正面から撮影。
　デザインが見えて立体感が出ます

《 ケースがある場合は、ケースも一緒に撮影

Point

◆ デザインがよくわかるように撮影する

◆ サイズがわかりにくいものは、比較対象を置いて撮影

5-4 サイズが伝わりにくい商品の写真を撮る方法

一目でサイズがわかる小道具を使う

小物やフィギュア、ミニチュア、いろんなサイズがある食器など、**写真では大きさが伝わりにくいもの**があります。このような商品を出品する場合は、**誰でも大きさがイメージできるものと一緒に撮影する**ことでサイズ感が伝わります。**スケール（物差し）**などを並べて撮影するものお勧めです。

《フォーク・ナイフと一緒に撮影した皿

《スケールと一緒に撮影した小物

Point

◆ 大きさがわかりにくい商品は、誰でもサイズがイメージできるアイテムと一緒に撮影する

大型の本を、サイズ感がわかるように撮影したい場合は、ペンのような小物と一緒に撮影するのもお勧めです。

《 ペンと一緒に撮影した大型の本

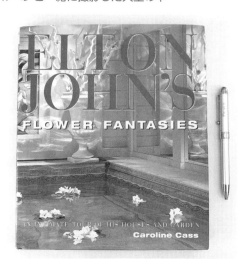

比較対象として置くものは、見栄えがいいものを選んでください。また、**タバコの箱などを置いていることがありますが、タバコに関連した商品の出品でない場合は避けた方が無難**です。タバコの匂いなどにマイナスイメージを抱く購入希望者がいるためです。また、小ささをアピールするために**手のひらにのせる行為も、人によっては不快に感じる**ようです。

なお、**比較対象として並べるものは商品に含まれないことを商品説明文に記載**しておきましょう。

Point

- ◆比較対象に置くものは見栄えのいいものを選ぶ
- ◆タバコの箱は匂いを連想させるため避ける
- ◆手のひらなども敬遠されることがあるので注意が必要

5-5 メルカリアプリで画像加工! 文字でセールスポイントをアピール

写真に文字を入れてアピール!

　メルカリの商品写真には、文字を入れた写真を使用できます。**写真に文字を入れると購入希望者の目に留まりやすいため**、**セールスポイントや強調したい文字**を入れましょう。ただし、**写真に文字を入れても商品検索対象にはなりません**。重要な文字は必ず「商品タイトル」や「商品説明文」にも入れてください。

　写真に文字を入れるのはメルカリアプリで簡単にできます。もちろん、他に自分が使い慣れた画像加工アプリがあればそれを利用しても構いません。特にこだわりがなければメルカリアプリで行いましょう。

　複数の商品をまとめて出品 (セット売り) しているが「バラ売り (単品売り)」にも対応している場合は**「バラ売りOK」**と文字を入れて出品。売れた商品には「×」や「品切れ」と文字を加えれば、写真を撮り直す手間も省けます。低単価の商品をまとめて出品する際に便利です。

《 アピールポイントを文字で入れた例　　《 バラ売りOKの画像

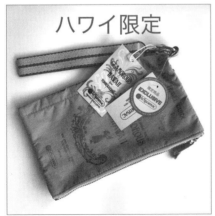

Point
◆商品写真を加工して、文字を入れるとアピール度が増す

メルカリアプリの写真編集機能

＊＊＊

　出品時や出品後に編集したい写真をタップすることで、写真の編集機能を利用できます。

《 画像編集

❶編集したい画像をタップします

❷タップします

❸画像編集のメニューが表示されます

フィルタ	鮮明度	調節	切り抜き	テキスト	ミーム	画像方向	画像補正	Feedback

調節：暗い部屋で撮った場合など、明るさを調節できます

切り抜き：不要部分のトリミングができます

テキスト：画像に文字を入力できます

ミーム：商品の上下に文字を入力できます

画像方向：画像を回転できます

画像補正：ワンタッチで画像を補正します

フィルタ：写真のイメージをワンタッチで変えることができます。商品本来の色とは違うイメージに変わってしまうため、この機能をメルカリで使うことは避けたほうが無難です

106

文字入れは、「**テキスト**」か「**ミーム**」を使います。テキストでは文字の大きさやフォント（文字の種類）、色、配置などが画像上自由に行えます。ミームは画像の上下に文字が固定され、色やサイズは選択できません。基本的にはテキストを使うとよいでしょう。

 「テキスト」と「ミーム」の違い

テキスト

 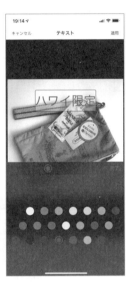

ミーム

Point

◆ 文字入れは「ミーム」より「テキスト」のほうが自由度が高い

文字を入れるときの注意点

　写真に文字を入れるときは、文字の配置や色に気を配りましょう。せっかくアピールのために文字を入れても、**読みにくければ逆効果**です。なるべく商品に被らないように、**文字は余白に入れるようにしましょう**。余白がない場合は、商品ロゴや大事な部分が隠れないように注意してください。

文字の色は、背景と同系色やパステルカラーは見づらいので、反対色を選ぶことをお勧めします。

《 文字入れOK例、NG例

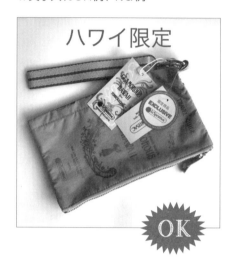

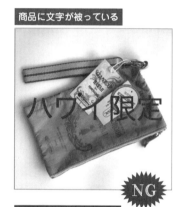

商品に文字が被っている

文字が薄くて見えにくい

Point

◆写真に文字を入れるときは、なるべく余白を利用する

Chapter

6

思わず目にとまる
商品タイトル・文章テクニック

6-1 「惹き寄せタイトル」で売る!

40文字に、商品の魅力や特徴をぎゅっと詰め込むのがポイント

「商品名（商品タイトル）」は、40文字まで入力できます。**一番目立つ文字列ですので、40文字をフル活用して商品の魅力を伝えましょう**。購入者は写真の次にタイトルを目にします。写真やタイトルで惹きつけることができなければ、その先の商品説明文を読んでもらうことはできません。

実店舗なら商品を手にとってみて、質感や状態などを調べることができますが、メルカリでは写真とタイトル、そして説明文しか判断材料がありません。**パッと目につく商品名の前半部分には、心に刺さる言葉が欲しい**ところです。「購入者の気持ち」になって魅力的な言葉を入れるように工夫しましょう。

Point
◆ 商品名（商品タイトル）は40文字をフル活用しよう

特にアピールしたいポイントは商品名の前半に入れる

例えば、「新品未使用品」を出品したケースを考えます。出品時に、商品の状態「**新品、未使用**」を選ぶので、きっと購入者は新品とわかってくれている「はず」と思ってしまいがちです。

新品が欲しいな……

しかし、出品商品は新品・中古、様々な状態のものが入り混じっているので、

パッと見て「新品」とは気づいてもらえません。「"新品"だけを抽出する検索方法があるでしょ？」と思うかもしれませんが、それは商品検索を利用したときの話ですし、そもそも絞り込み機能を知らないユーザーも多くいます。

多くの人に「新品であること」をアピールしたい場合は、**商品名もしくは商品説明文に「新品未使用」という言葉を必ず入れましょう**。新品を探している人の中には、キーワード検索で「新品」と入力して検索する人もいます。商品名や説明文に「新品」のキーワードを入れておくことで、検索結果に表示されて商品を見つけてもらいやすくなります。

> ## Point
> ◆ 「新品」などのアピールポイントは、必ず商品名前半に入れる

強調したい部分は「【】☆★※■●！♪♡」のなど記号でインパクトをつける

次の2つのタイトルを見比べてください。どちらの商品タイトルが目立つでしょうか。

「新品未使用シャネルの長財布」
「【新品未使用】CHANEL ☆シャネル☆二つ折り長財布♡レッド」

タイトルは、商品の特徴やアピールポイントを盛り込むだけでなく、**「読みやすさ・見やすさ・目を引く」**ことも大切です。文字の区切りがなくダラダラと続けた文章は読みにくいので、**単語ごとに半角スペースを入れたり、記号を活用したりしてインパクトのある商品タイトルにしてください。「【】」で重要なポイントを強調し、「☆」「★」「！」「♡」「■」「●」「※」「♪」などを単語の合間に入れると効果的**です。

逆に「短すぎるタイトル」は、出品者にやる気がないのかな……と受け取られる恐れがあるので、制限文字数いっぱいを目指しましょう。

> ## Point
> ◆ 単語ごとにスペースで区切ったり、記号で読みやすいタイトルに

惹き寄せタイトルを作る秘訣

❖❖

次の手順に当てはめてタイトルを考えてみましょう。必ずしもこの通りにしなくて大丈夫です。例えば、ノーブランド品や低価格ブランド品は、あえてブランド名を書く必要はありません。**思いつかない場合は、同じような商品を検索して、どのような商品タイトルがあるのかリサーチしてみる**のもいいですね。

《 惹き寄せタイトルを作る手順

キャッチ コピー	「新品未使用」 「週末SALE中」……など（詳しくは次ページ参照）
ブランド メーカー名	「トリーバーチ　Tory Burch」 「パナソニック　Panasonic」 「ティファール」 「ファミリア」……など
商品名	「トートバッグ　レディース」 「ナノケアドライヤー」 「フライパン」 「ロンパース」……など
サイズ・色・ 型番・特徴	「大容量　2way」 「EH-NA98-RP　ルージュピンク」（商品の型番と色） 「IH対応　26cm」 「80　男の子」……など

《 惹き寄せタイトルの例

【新品未使用】トリーバーチ☆トートバッグ☆レディース♡大容量♡2way

【新品】パナソニック♡ナノケアドライヤー EH-NA98-RP ♡ルージュピンク

【SALE】美品♡ティファール★フライパン★IH対応★26cm

【即日発送】ファミリア♡ロンパース♡男の子用♡80サイズ♡ブルー

Point

◆ 手順を参考にして、惹き寄せタイトルを考えてみよう！

6-2 思わず買いたくなる！キャッチコピー鉄板キーワード

キャッチコピーを商品タイトルに入れる

前節で解説した商品タイトルのキャッチコピーについて、もう少し詳しく説明しましょう。特にアピールしたいキャッチコピーは、目につくように商品タイトルの冒頭部分に入れるのが基本です。【】や記号で目立つようにタイトルに入れてください。

アピールしたいことが多くてタイトルに入りきれない場合は、商品説明文のはじめに記載しましょう。

> **Point**
> ◆ アピールしたいキャッチコピーは商品タイトル冒頭に入れる

使えるバカ売れキーワード一覧

商品タイトルに用いるお勧めの代表的なキーワードをここに挙げます。

● **商品の状態を示すキーワード**

「新品」「新品未使用」「新品タグ付き」

「未使用品」（新品だけど、長期間保管していたものは「未使用品」と表現

「ほぼ新品」「超美品」「美品」

「箱あり」（購入時に商品が入っていた箱があるもの）

「ジャンク品」（あえて安く買えるジャンク品を探している人もいるため）

● **信用性を高めるキーワード**

「正規品」「鑑定済み」「保証書あり」「百貨店で購入」「本物保証」「動作確認済」

● **希少性を強調するキーワード**

「激レア」「希少」「限定生産」「非売品」

「○○限定」（イベントの限定品・ハワイ限定・ご当地モノ）

「コレクション」（○○コラボ・100周年記念・2020年コレクション）

「日本未上陸」「パリで購入」

- **セール・値下げをあらわすキーワード**

「週末セール」「SALE」「タイムセール」「特価」「ギリギリ価格」

「処分価格」「値下げしました」「激安」「最安値」「売りつくし」

「半額以下」「破格」「最終価格」

- **数量を強調するキーワード**

「残りわずか」「最後の1点」「ラスト1点」「まとめ売り」

- **配送の早さを強調するキーワード**

「即日配送」

- **鮮度・トレンドを強調するキーワード**

「最新」「新製品」「新作」「人気」

- **その他**

「早いもの勝ち！」

「○○さん愛用」（モデル・芸能人・スポーツ選手など有名人の愛用）

「訳あり」「ワケあり」（安売りのキーワードです。食品などに多い）

「幸運」「招福」（商品説明文に幸運のエピソードを盛り込むと有効）

Point

◆ 購入者の目線で、商品の長所（その商品はなぜ「買い」なのか）を
　キーワードに使って、商品タイトルで表現しよう

6-3 商品名・説明文には 検索されやすいキーワードを意識

検索されるコツは「購入者の立場で考える」こと

購入者希望者があなたの商品にたどり着くには、右のようなルートが考えられます。このうち「**キーワード**」**で探す人に見つけてもらうには、あなたの商品タイトルまたは説明文にその検索キーワードが含まれている**必要があります。

- ホーム画面でたまたま目に入った
- おすすめに表示された
- 新着に表示された
- カテゴリーから探した
- ブランドから探した
- キーワードで探した

もしあなたがその商品を検索で探す場合、どのようなキーワードで検索するでしょうか。1つの表現（単語）にとどまらず、他の言葉に置き換えてみたり、その商品を使うシチュエーションなども想像して、**できるだけ多くのキーワードをピックアップ**してみましょう。

ピックアップしたキーワードの中から、重要なものは商品タイトルに含め、それ以外のキーワードは商品説明に記載します。

> **Point**
> ◆ キーワード検索を意識して商品タイトルや商品説明文を作成する

略語・ゆらぎ・異なる表現を意識する

検索キーワードを想定する場合、**表記のゆらぎ**を含めた「**異なる表現**」を意識しましょう。「口紅（くちべに）」を例に考えてみます。

筆者が口紅を探す場合は「口紅」で検索しますが、「リップスティック」「リップ」「ルージュ」など、口紅をあらわす様々な単語があります。「口紅」で検索した場合、「リップスティック」のみが含まれた商品はヒットしません。「口紅」「リップスティック」いずれのキーワードで検索しても検索結果に表示される

6

思わず目にとまる商品タイトル・文章テクニック

ようにするには、両方のキーワードをタイトルもしくは説明文に入れる必要があります。メルカリでは、**説明文にキーワードを羅列するのはNG**なので、タイトルと説明文で表記を変えて表現してみてください。

例えば、商品タイトルと商品説明文は次のようにします。

> 【ほぼ新品】口紅 イヴサンローラン ヴォリュプテ シャイン #82
> このイブサンローランのリップは、「ルージュ ヴォリュプテ シャイン」の中でも特に人気のお色です。

このように、同じ意味の異なるキーワードを入れて、自然な文章を心がけてください。これで1つの商品を複数のキーワードで表現することができました。

表記揺れへの対応も注意しましょう。「イヴサンローラン」は「イブサンローラン」と入力する人もいます（スマホで「ヴ」を入力できないケースも）。さり気なく違う表記のキーワードも盛り込みましょう。

また、単語の言い換えや表記揺れだけでなく、「**連想キーワード**」も意識して説明文に盛り込めるようになると、いっそうの検索対策になります。例えば、ドレスを出品する際に、そのドレスを着ていくシチュエーション（結婚式やパーティー、発表会など）を商品説明文に含められると、キーワード検索でヒットする可能性が高まります。

- **ブランド・企業名などの様々な呼び方（略語など）**
  マクドナルド ➡ マック／ Mac
  ミスタードーナツ ➡ ミスド
  ユニバーサルスタジオ ➡ USJ ／ユニバ
  スターバックス ➡ スタバ

- **ゆらぎ**
  「ヴィンテージ／ビンテージ」「アイシャドウ／アイシャドー」
  「イブサンローラン／イヴサンローラン」「ルイビトン／ルイヴィトン」
  「バッグ／バック」

- **言い換え**
  「スタイ／エプロン／よだれかけ」

「パジャマ／寝巻き／寝間着／ルームウェア／ナイトウェア」

● **連想キーワード**

例❶ ドレス

結婚式／ウェディング／パーティ／発表会／社交ダンス／クリスマス

例❷ 着物

お正月／お宮参り／入学式／卒業式／七五三／成人式

Point

◆ 単一表現だけでなく、他の言葉に置き換えたり、表記揺れなども意識

詳細キーワードで購入者に商品を見つけてもらう

　例えば、バッグを出品する場合、想定する検索キーワードは「バッグ」だけでは不十分です。「バッグ」で検索するとたくさんの商品が並んでしまうため、購入者が目的の商品を見つけるのが難しくなります。女性用か男性用か、大きさや形など、**商品の詳細がわかるキーワードを考えて設定**します。

　設定するキーワードに困ったら、カテゴリーをたどってみましょう。例えば「レディース ⏵ バッグ」のカテゴリーを見てみると、バッグだけでもたくさんの種類があることがわかります。

　出品時に適切なカテゴリーを選ぶだけでなく、「レディース メッセンジャーバッグ」のような**詳細キーワード**を、商品タイトルや説明文にも盛り込むようにしましょう。そうすれば、カテゴリーをたどってきた人だけでなく、検索キーワードを入力して検索する人にも商品を見つけてもらいやすくなります。

Point

◆ 単一キーワードだけではなく、詳細キーワードを意識する

複合キーワードの検索にも対応する

　2つ以上のキーワードを入力して検索することを「**複合キーワード**」検索などと呼びます。複合キーワード検索を行うのは、単一キーワードでの検索では膨大な数の検索結果が表示されるため、キーワードを追加することで自分の目

的に合った商品に検索結果を絞り込みたいからです。

　出品する商品がどのような複合キーワードで検索されているかは、実際に検索してみるとわかります。次の例では「キャミソール」「フライパン」をそれぞれ単一キーワードで検索していますが、**キーワードに続いて絞り込みキーワードの候補が自動的に表示されます**。キャミソールの場合は「重ね着」「レース」「下着」などで、「フライパン」の場合は「新品」「ティファール」「鉄」などで絞り込みをしているのがわかります。

《 複合キーワードの例

　ちなみに、「アイランドスリッパ」のように複数の単語からなる名前は、「アイランド スリッパ」と「アイランドスリッパ」のようにスペースの有無で検索結果が違います。前者は、「アイランド」と「スリッパ」それぞれのキーワードが含まれた商品で、後者はブランド名である「アイランドスリッパ」のキーワードが含まれた商品が検索結果に表示されます。

Point

◆ 絞り込みに利用される複合キーワードも意識しよう

関係ないキーワードはNG

　検索キーワード対策は非常に重要ですが、**商品に関係のないキーワードを羅列することはメルカリの規約で禁じられています**。人気のあるキーワードだか

らといって、商品と関係のないキーワードを説明文などに入れないよう、気を
つけてください。**迷惑行為でアカウントが停止される危険性もあります**。

　購入者の立場で考えればわかります。もしキーワード検索で商品とは関係な
いキーワードの記載を認めれば、検索結果に欲しいものと違う商品がずらりと
並んでしまうことになります。

　また、例えばバーバリー製品ではないのに「**バーバリー風**」、シャネル製品で
はないのに「**シャネルがお好きな方におすすめです**」などと記載すると、「バー
バリー」や「シャネル」の検索結果に表示され購入者にとって迷惑です。

　自分が購入者ならどのように受け止めるかを考えながら、キーワードを盛り
込むようにしてください。

Point

◆ キーワードの羅列や関係ないキーワードを記述するのはNG

ハッシュタグを使ってマグネット効果を狙う

　キーワードの羅列は規則違反ですが、
「**ハッシュタグ**」は複数設定して構いません。
ハッシュタグとは、「**#**」（ハッシュマーク）を
入れたキーワードです。「#デート」「#プレ
ゼント」のように、説明文にハッシュタグを
入れることで、そのキーワードで検索され
やすくなります。ハッシュタグをタップす
ると、そのキーワードのハッシュタグをつ
けている商品が表示されます。ハッシュタ
グを効果的に使って露出を増やしましょう。

　ハッシュタグも、商品に全く関係のない
ハッシュタグは、購入者の検索を妨げるの
で避けましょう。

Point

◆ ハッシュタグを有効に活用しよう

《 商品説明文にハッシュタグを

6-4 買う気にさせる
魅力的な説明文を書くコツ

読みやすく興味を引く商品説明文の例

商品説明文は1000文字まで入力できます。前節までに解説した検索キーワードを盛り込み、適度な改行や箇条書きなどを入れて、読みやすい商品説明文を心がけましょう。

説明文が魅力的でも、文章のみでは読みづらく、購入希望者が離れてしまう恐れがあります。商品説明文をパッと見て、**文章がすらすら入ってくるレイアウト**を意識しましょう。

読みやすい説明文のコツ

- 改行、空白行を入れる
- 一文一文を短く簡潔に
- ラインなどで区切る
- 重要なポイントは箇条書きにする
- 絵文字・顔文字・記号でやわらかい印象に
- 強調したい部分は【】で囲む

次ページに商品説明文のサンプルを用意しました。これを見ながら、読みやすい説明文を作るコツを解説します。

Point

◆商品説明文は検索キーワードを盛り込み、読みやすいレイアウトを意識

「挨拶文」と「定型文」を説明文の前後に入れる

- 冒頭の文例

「ご覧いただきありがとうございます。」「※お取引前にプロフィールをご確認

《 読みやすく興味を引く商品説明文サンプル

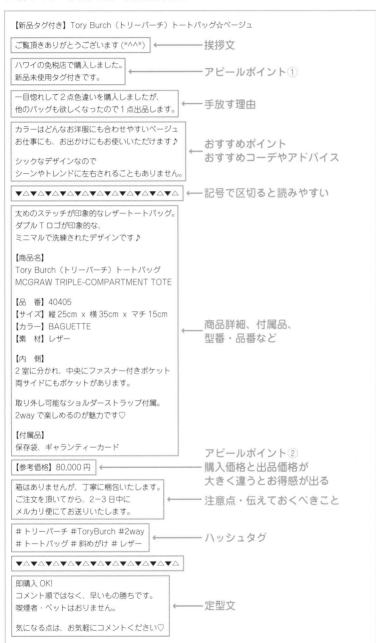

【新品タグ付き】Tory Burch（トリーバーチ）トートバッグ☆ベージュ

ご覧頂きありがとうございます (*^^*) ←——— 挨拶文

ハワイの免税店で購入しました。
新品未使用タグ付きです。 ←——— アピールポイント①

一目惚れして2点色違いを購入しましたが、
他のバッグも欲しくなったので1点出品します。 ←——— 手放す理由

カラーはどんなお洋服にも合わせやすいベージュ
お仕事にも、お出かけにもお使いいただけます♪

シックなデザインなので
シーンやトレンドに左右されることもありません。 ——— おすすめポイント
おすすめコーデやアドバイス

▼△▼△▼△▼△▼△▼△▼△▼△▼△▼△ ←——— 記号で区切ると読みやすい

太めのステッチが印象的なレザートートバッグ。
ダブルＴロゴが印象的な、
ミニマルで洗練されたデザインです♪

【商品名】
Tory Burch（トリーバーチ）トートバッグ
MCGRAW TRIPLE-COMPARTMENT TOTE

【品　番】40405
【サイズ】縦25cm x 横35cm x マチ15cm
【カラー】BAGUETTE ——— 商品詳細、付属品、
【素　材】レザー 型番・品番など

【内　側】
2室に分かれ、中央にファスナー付きポケット
両サイドにもポケットがあります。

取り外し可能なショルダーストラップ付属。
2wayで楽しめるのが魅力です♡

【付属品】
保存袋、ギャランティーカード

【参考価格】80,000 円 ←——— アピールポイント②
購入価格と出品価格が
大きく違うとお得感が出る

箱はありませんが、丁寧に梱包いたします。
ご注文を頂いてから、2−3日中に ——— 注意点・伝えておくべきこと
メルカリ便にてお送りいたします。

トリーバーチ #ToryBurch #2way
トートバッグ # 斜めがけ # レザー ——— ハッシュタグ

▼△▼△▼△▼△▼△▼△▼△▼△▼△▼△

即購入OK!
コメント順ではなく、早いもの勝ちです。
喫煙者・ペットはおりません。 ——— 定型文

気になる点は、お気軽にコメントください♡

ください。」などのように、**説明文の冒頭にあいさつの言葉や最初に読んでもらいたい内容**を伝えておきます。

　特に伝えたいことがある場合も冒頭に記載しておきます。例えば値下げ交渉を受けたくない場合は「この商品はギリギリ価格で出品しているため、値下げ交渉はご容赦ください」などと冒頭で宣言しておくことで、無駄なやり取りから解放されます。

● **末尾に定型文を記載**

　どの出品にも共通して記載する内容は、**定型文**として用意しておくと便利です。いくつかの定型文の例を示します。

「即購入OK!」

　コメントしてから購入することを強要している出品者もいるため、「わざわざコメントを入れなくても買っていいですよ」とアピールしましょう。コメントのやり取りの手間も省けます。

「コメント順ではなく、早いもの勝ちです」

　メルカリのシステムでは、複数の購入希望者がいる場合は先着順で購入が決まります。しかし、コメント欄で質問や値引き交渉をしているユーザーがいると、「横から割り込んで買ってもいいのかな?」と気後れして、購入を躊躇してしまう人もいます。「早いもの勝ちです」というのは、そのような人に配慮する文言であると同時に、「もたもたしていると他の人が買ってしまうかも知れませんよ?」と購入を迷っている人の背中をひと押しするワードでもあります。

「気になる点は、お気軽にコメントください。」

　説明文で、気軽に質問しやすい気遣いの文面を記載しておくと、出品者としての印象も良く安心して購入してもらえます。

「喫煙者・ペットはおりません。」

　動物のアレルギーがある人や、タバコのニオイが気になる人に、購入を促すアピールができます。

Point

◆ 説明文冒頭に挨拶文や、特に伝えておきたいことを書く

◆ 定型文を用意して、文末に記載する

記号で区切ると読みやすくなる

文章を記号で区切るとアクセントになって、文章がぐっと読みやすくなりお勧めです。説明文の要所要所で区切りましょう。区切り用の記号例を挙げておきます。

区切り用の記号例

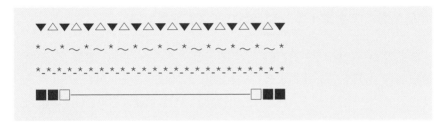

◆ 記号を使って文章を適度に区切ると読みやすくなる

「手放す理由」を書いて、共感されるストーリーを入れよう

不用品を手放すのに理由も何も……と思うかもしれません。しかし、「**もういらない！」ではなく「気に入っていたけれど、手放すことにした」というストーリー**があると、**購入者の共感を得やすい**ものです。出品者が手放す理由がわからないと「ひょっとして、何か不具合があるのでは」「着心地が悪いのかも」「ニセモノでは」などと、疑心暗鬼になる人もいます。**出品者が不要になった理由がわかれば、「だからこんな安い値段で出品しているのか」と安心して購入してもらえます。**

難しく考える必要はありません。ちょっとした簡単なエピソードでいいので、手放す理由を商品説明文に記載するようにしましょう。

> **Point**

◆ 不要になった理由を記載していると、購入側も納得できる

6

思わず目にとまる商品タイトル・文章テクニック

123

出品理由の例

- 一目惚れして、色違いを何点か購入しましたが、他の商品の購入資金にしたいので一部手放すことにしました。
- とても気に入っていたのですが、産後体型が変わってしまい着られなくなったので手放します。
- 新しい機種を購入したので出品します。

商品のおすすめポイントやアドバイスを記載する

出品商品がどんなシーンで使えるかや、コーディネートのアドバイス、便利な使い方などを記載しましょう。「思わず欲しくなる」ようなおすすめポイントやワンポイントアドバイスなど、その商品のプラス情報があると、購入者のテンションも上がります。商品の魅力を簡潔にわかりやすく伝えましょう。6-2（113ページ）のキャッチコピー鉄板キーワードも参考にしてください。

アピールポイント例

- 新品タグ付
- 保証書あり
- シリアルナンバー（本物であるという安心感）
- 型番、品番、色番、正式な商品名（ある場合。これで検索する人も多い）
- 百貨店（セレクトショップ）で購入しました
- 一度袖を通しただけです。
- 定価○○円（定価より大幅に安い金額で出品している場合）
- カバーをつけて使用していました。

Point

◆ 商品の使い方などを記載しておくと、購入につながりやすい

悪い部分は写真を添えて正直に書くほうが、良い評価を得やすい

　出品商品に悪い部分がある場合は、**正直に伝えることがトラブルを防ぐコツ**です。欠点があっても、適正価格で出品していれば、納得して購入してくれる人がいます。仮に**動作しない電子機器のようなものでも、ジャンク品として売れる**ことがあります。

《 シミのある衣類のマイナスポイントの伝え方

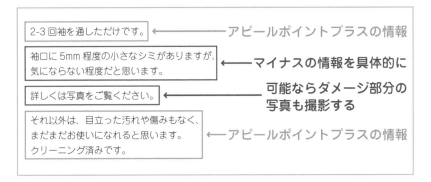

《 キーボードが壊れたノートパソコンのマイナスポイントの伝え方

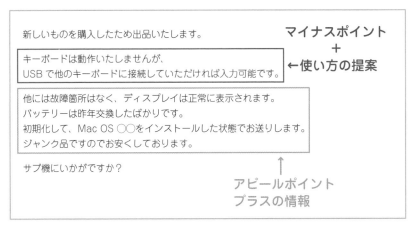

　商品の欠点を伝えないまま販売すると、「思っていたものと違った」と購入者は騙された気持ちになり、トラブルの原因になります。そして悪い評価がついたり、返品希望されたりと、対応に手間とストレスが掛かる結果になります。

ただし、マイナス面ばかり強調すると購入者のテンションも下がり、買ってもらえなくなります。キズや汚れ、故障箇所などマイナス面をきちんと伝えた上で、アピールできるポイントをそれ以上に書くようにしましょう。

《 焦げた鍋のマイナスポイントの伝え方

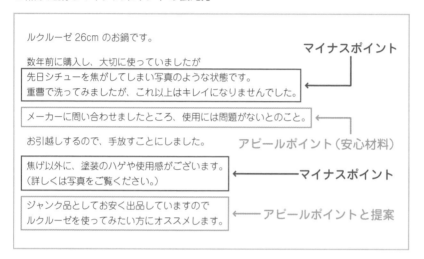

ルクルーゼ 26cm のお鍋です。

数年前に購入し、大切に使っていましたが
先日シチューを焦がしてしまい写真のような状態です。
重曹で洗ってみましたが、これ以上はキレイになりませんでした。
→ マイナスポイント

メーカーに問い合わせましたところ、使用には問題がないとのこと。
→ アピールポイント（安心材料）

お引越しするので、手放すことにしました。

焦げ以外に、塗装のハゲや使用感がございます。
（詳しくは写真をご覧ください。）
→ マイナスポイント

ジャンク品としてお安く出品していますので
ルクルーゼを使ってみたい方にオススメします。
→ アピールポイントと提案

Point

◆ 欠点は写真を添えて正直に伝え、同時にプラス情報・買うメリットも

「商品の状態」は自分が思うよりワンランク下を選ぶ

正確に客観的に判断したつもりでも、悪い部分の受け止め方は人それぞれです。トラブルを防ぐために、自分が思っている商品状態より「ワンランク下」の商品状態を選ぶことをお勧めします（ただし新品未使用の場合は下げる必要はありません）。

筆者は「新品同様」と説明された本に「日焼けや汚れ」があってがっかりした、という経験があります。これは、出品者と筆者の間に解釈の違いがあるからです。購入者によっては解釈の違いがトラブルに発展する可能性があります。

商品状態をワンランク下に設定していた場合、購入者に「思ったよりキレイ

だった」と高評価を受けることもあります。商品状態に確信があるなら下げる必要はありませんが、どちらにしようか**迷ったときはワンランク下にしましょう**。例えば「未使用に近い」と自分で感じたものは「目立った傷や汚れなし」と設定してみてください。

Point

◆ 迷ったらワンランク下の商品状態を選択する

書かなくてもいいマイナスポイント

商品の状態やキズなどの欠点は正直に書くことが大事です。しかし、中には伝える必要のないこともあります。**商品説明文で書く必要のないマイナスポイント**について説明します。

● 購入時期

例えば何十年も前に購入したものを出品する際に、保存状態がよく十分使えるものであれば、**購入時期をあえて書く必要はありません**。「20年前に購入しました」と購入時期を書くことで「古い」というイメージが強く残り、購入を躊躇されることがあります。

20年前のものを「昨年購入しました」とウソをつくことはもちろんいけません。しかし、商品価値を下げるようなことをあえて伝える必要はありません。ただし、**肌に付ける化粧品や消費期限があるものはこの限りではありません。**

● 無料で手に入れたもの

「旅行のお土産でいただきました」「引き出物です」「お祝いにいただきました」「販促品です」などのように、**無料で手に入れたことを伝える必要はありません**。「どうせタダで手に入れたのだからもっと安く売ってもいいでしょう？」と値引き交渉されやすくなる恐れもあります。いただき物であっても商品の価値は同じなのに、その一言で商品価値を下げてしまいます。

値引き交渉の材料になるようなマイナスポイントは書かないでおきましょう。

Point

◆ 購入時期をあえて記載する必要はない

◆ 無料で手に入れたことも記載する必要はない

6-5 悩んだら「人のやり方をまねる」

手本となる出品者を見習おう

ここまでタイトルや説明文の作成手順を説明してきました。しかし、慣れるまでは自分で一から文章を考えるのは大変です。商品説明文は1000文字も書けるため、初心者がいきなり書こうとしても、どこから始めていいのかと迷う人も多いでしょう。結局面倒になって、短い説明文で終わってしまうことも珍しくありません。

そこで、最初は**手本になる出品者を見つけて見習う**ことをお勧めします。

購入者の立場で考えると、欲しい商品を見つけても、ほとんど説明文が書かれていないと不安になります。そして、やる気のない出品者と感じて買うことを躊躇してしまいます。そのため、**慣れるまでは売れている出品者をお手本にして、商品説明文を作ってみましょう。**

メルカリでたくさん商品を販売している人は、写真撮影や商品タイトル・説明文の書き方が上手な人が多いです。初心者は、そのような人をお手本にして、商品説明文を書くことで、文章のスキルもアップします。慣れてくるとそのうち、どんなことに気をつけて書けばよいのかがわかってきます。

ただし、**コピー＆ペーストはいけません。**自分と同じような商品を出品している出品者の説明文を参考に、自分の言葉で、オリジナル情報を付け加えるなど、工夫をしてください。上手くできたら、**次からはその文章を自分用のテンプレートにして、文言などを差し替えて使い回していきましょう。**

Point

◆ 自分と同じようなものを出品して売れている人の商品説明文を手本に

◆ 自分専用のオリジナルテンプレートを作成して使い回す

Chapter

7

売上につながる
コメント対応術

質問やコメントに対しては
誠実な対応で売上アップ!

売上につながるコメント対応

ネットショップと違って、**フリマアプリは気軽にコメントで質問できるのが、購入者にとってメリットの1つ**でもあります。

実際のフリーマーケットでは店主に質問したりできますよね。フリマアプリでは実物を手にとって確認することはできないので、その分もよけいにコメントで質問や交渉で確認します。**ユーザーがコメントをするのは、その商品に興味があるから**です。売上につながる「見込み客」ですので、できるだけ早く丁寧に対応しましょう。

「**お気軽にご質問ください**」と商品説明文やプロフィールに記載して、見込み客が質問することへの心のハードルを下げておくことも大切です。

● **仕事の都合などですぐに返信できない出品者は**

「昼間は働いております。すぐにはコメントに対応できませんが、必ずお返事いたしますのでどうぞお待ちください」のように、商品説明文やプロフィールに「**すぐに返事ができない理由**」を書いておくと、**返事が遅れても悪い印象を与えません**。

● **「大勢の人がコメントを読んでいる」と意識して返事をする**

購入希望者と出品者とのやり取りではあっても、**商品のコメントはその商品を見に来たすべての人が読むことができます**。やり取りを他の人にも見られていることを常に意識してコメントするように心がけてください。

商品を購入しようか検討している人は、自分で質問しなくても他者の質問には注目しています。「自分では聞けなかったことを代わりに聞いてくれてよかった」「私もそれが知りたかった」などと、共感してコメントを読んでいる人もいます。

説明文で伝えきれていなかったことをコメントで質問してくれていると感謝して、**返信するだけでなく説明文にも追記しておきましょう。**

Point

◆ コメントしてくれる人は、購入してくれる可能性が大。面倒がらずに迅速丁寧な対応を心がけよう

◆ 質問者に向けたコメントも、他のユーザーが読んでいることを意識

困った質問をしてくる人への対応は？

このように、コメントは有意義として前向きにとらえ対応するべきですが、一方でしつこく何度も質問してくる人や、神経質な人、極端な値引き交渉をしてくる人への対応には困りますよね。ネットでは、対応を一度こじらせるととても面倒です。あくまで筆者の経験上なのですが、しつこく何度も質問してくる人が購入に至ったケースはあまり多くありません。

● 神経質な人を避ける

中古商品である以上、商品にある程度の使用感などがあるのは折り込んで購入するのが普通です。しかし、中には極めて神経質な購入希望者もいます。

そのような人との取引で疲弊するのを避けるためには、あらかじめ説明文に「**完璧を求める方、神経質な方はご購入をお控えください**」の一文を入れておきましょう。

● 公表するべきではないコメントがついた場合

商品の状態への質問や、発送方法への質問のように、説明不足を補う内容のコメントであれば、他の購入希望者から見ても有用な情報です。しかし、次のように他の購入希望者から見て不要か、場合によっては購入の妨げになるようなコメントがつくこともあります。

- 値引き交渉に応じたのに、結局買ってもらえなかった
- 不愉快なコメントを入れられた

このような場合は、コメントを削除することができます（コメントの削除方法についてはChapter 13の245ページで解説）。値引き交渉のコメントの場合は、値段を元に戻してコメントを削除しておきましょう。

また、トラブルに発展しそうな人、あまり関わりたくない人などはブロックすることも可能です（ブロック方法についてはChapter 13の247ページで解説します）。

Point

◆ 神経質な人を避けるため、商品説明文に一文加える

◆ 場合によってはコメント削除や特定ユーザーのブロックも

よくある質問のパターン

メルカリでの質問は大きく分けて次のようなパターンがあります。

- **商品についての質問や追加写真のリクエスト**

追加で写真の掲載を依頼された場合は、できるだけリクエストに答えたいところです。1商品あたり最大10枚まで写真をアップすることができます。

- **値下げ交渉（これがほとんど）**

コメントで一番多いのが値下げ交渉です。値下げ交渉への対応については、次の節（134ページ）で詳しく解説します。

- **「購入していいか」確認**

メルカリのユーザー独自ルールで「即購入禁止」を掲げている出品者がいるため、「購入していいですか？」とコメントを入れる人もいます。この場合は、「もちろん是非お願いします！」とコメントを返しましょう。

- **「取り置き」のお願い**

「給料日まで待って欲しい」「売上金が入るまで待って欲しい」などといった

「**取り置き**」の要請もコメントです。

- 「**専用出品**」にしてほしい

出品者と購入希望者との交渉成立後に、他の人に買われないようにするため「**専用出品**」にしてほしいという要望をコメントでされることがあります。

- 「**まとめ買い**」や「**一部だけ欲しい**」などの問い合わせ

出品者の他の出品物と合わせて買うので送料分を安くしてほしいといった要望や、複数個欲しいといった**まとめ買い**、逆に出品商品の一部だけ欲しいなどといった要望です。

Point

◆ 写真追加リクエストにはできるだけ応じよう

◆ 値下げ交渉がコメントではもっとも多い

「コメントなし購入OK」で無駄なやり取りをなくす

「コメントを入れてから購入して欲しい」という出品者がいるため、購入前にコメントで確認を取る購入希望者がいます。しかし、すぐ買ってもらって問題ないなら、「**コメントなしでご購入いただけます**」「**コメントなし購入OK**」「**即購入可**」「**即買いOK**」などと、商品説明文やタイトルに「すぐ買っても良い」とわかるように記載しておきましょう。

もちろん、「購入していいですか？」という質問にすぐ返事ができればこれらは不要です。しかし、こちらがすぐに返信できないタイミングで質問があった場合、返信したときにはすでに購入者の関心が他の商品に移ってしまったり、購入への熱が冷めてしまったりすることもあります。

「即購入可」としておけば返信の手間が減りますし、売り逃しも減る可能性があります。

Point

◆ 「即購入可」で手間を減らして売上もアップ！

7-2 値下げ交渉を牽制する 「値下げ交渉中でも早いもの勝ち」

極端な値下げ交渉を牽制するには？

コメントのやり取りで一番多いのが 値下げ交渉 です。断っても何度も粘ったり、極端に低い価格で交渉してきたりなど、対応に困るケースもあります。出品者としては、過度の値下げ交渉などはあまりいい気分ではありませんが、だからと言って無視するわけにはいきません。

出品者としては、次のような方針でというのが本音ではないでしょうか。

- なるべく値下げ交渉のやりとりの手間を省きたい
- できるだけ出品価格で買ってもらいたい

そのような場合は、「値下げ交渉中であっても早いもの勝ちです」という一文を、商品説明文などに入れてみてください。これには2つの狙いがあります。

1. 交渉中の購入希望者に「値下げ交渉をしている間に、他の人に買われてしまうかもしれない」と危機感を持ってもらうため
2. 今すぐ買いたい購入希望者に、遠慮なく買ってもらうため

メルカリの規約では、先に購入ボタンを押した人に権利があります。つまり 早いもの勝ち なのですが、「交渉中の人を出し抜いて先に買っては申し訳ない」と遠慮してしまう人もいます。出品者としては、値下げ交渉する人よりも、出品価格で買ってくれる人の方がありがたいのは事実ですよね。「早いもの勝ち」は、そのような人の背中を押してくれる一言になります。

Point

◆過度な値下げ交渉を防ぐには、「値下げ交渉中であっても早いもの勝ちです」と説明文に書いておこう

値下げに応じたくない場合の上手な断り方

「値段を下げたら買ってくれそう」「この人を逃したらもう誰も買ってくれないかもしれない」と、**言われるままに値下げ要求に応じてばかりいると損をしてしまいます**。「とにかく商品を今すぐ処分したい」場合のように、手放すことが優先なら値下げに応じるのも手です。しかし、**少しでも多く利益を得たいなら冷静に対応しましょう**。

以下に、いくつか値下げを断る回答例を挙げます。様々な断り方がありますが、共通するのは**丁寧な言葉遣いで対応すること**です。**決して感情的にならないように気をつけてください**。

● **仕入れ値を下回るため／手数料や送料を考慮すると値下げできない**

〔回答例〕

メルカリの手数料や送料を考えて、ギリギリの価格で出品しています。これ以上の値下げはご容赦ください。ご検討どうぞよろしくおねがいします。

この場合は、最初から商品説明文に「**ギリギリ価格なので値下げはできない**」ことを書いておくと値下げ交渉されることも少なくなります。

● **「いいね！」がたくさんついている商品の場合**

〔回答例〕

こちらの商品はいいね！をたくさんいただいております。人気商品ですので、現在のところ値下げは考えておりません。この価格でご検討いただけますと幸いです。

たくさん「いいね！」がついて人気があることを理由に値下げを断るやり方です。ちなみに、実際たくさん「いいね！」されているのに長期間売れないのは、価格に原因があることがほとんどです。その場合は、値段を下げて出品し直してみてください。

- 「相場価格」で出品していることを理由に断る場合

  回答例

  定価よりかなりお安くしており、皆さんこの価格でご購入いただいております。これ以上の値下げはできませんので、この価格でご検討いただけますと幸いです。

- 希少性が高い商品である場合

  回答例

  こちらの商品はなかなか手に入らないもので、これが最後の1点です。今のところ値下げは考えておりませんので、この価格でご検討いただけますと幸いです。

> **Point**
> ◆ 安易に値下げを受けるのは考えもの。文例を参考に上手く断ろう

心理的に安く見える値段のつけ方

「5,000円」「10,000円」と**キリの良い数字は、大幅な値下げ交渉を受けやすい**と言われています。例えば10,000円で出品している場合、9,000円、8,500円とキリのいい数字で値下げオファーされることが多いです。なぜなら、**キリのいい数字は定価で出品しているような印象を受け、値下げ余力がまだまだあるのでは、と思われがちだから**です。

フランスの心理学者ゲガンが行った実験でこんなデータがあります。同じパンケーキを1.99フランと2.00フランでそれぞれ販売した結果、1.99フランのほうが13.5%売上が多かったそうです。このように、**キリのいい数字をわずかに下回る価格設定をするだけで、心理的に安く感じる効果**が期待できます。

日本でも4,980円、9,800円といった価格設定をよく見かけますが、これはこのような心理効果を狙ったものです。**同じ商品を1,500円から1,980円に値上げしたほうが売れたというケースもある**ほどです。

《 端数効果を狙った心理現象

パンケーキ **2.00** プラン

パンケーキ **1.99** プラン

13.5% 売上アップ

メルカリで出品する際も、端数効果を狙った価格設定を試してみてください。9,980円と10,000円、その差はわずか20円ですが、桁が違うこともあって9,980円のほうがかなり安く受け止められます。もちろん、同じ商品がさらに安く出品されていればそちらに流れてしまうことはあります。しかし、「出品価格はキリのいい数字にしない」と意識するだけで売れやすくなるはずです。

さらになるべく高く売りたいなら、1,999円、9,999円のようにキリのいい数字から1円下げるだけでも効果はあります。

Point

◆ 商品価格は、端数効果を狙ってキリのいい数字を避ける

大幅な値引き交渉をされにくい価格設定

「○○円に値下げしていただけませんか？」と**具体的な数字で値引き交渉してくる場合の提示価格は、大半がキリのいい数字**です。例えば出品価格が10,000円の場合は9,500円、9,000円、8,500円という感じです。9,999円の場合も同じく9,500円、9,000円、8,500円です。9,500円への値下げは許容範

7

売上につながるコメント対応術

囲でも、9,000円、8,500円と大幅な値引き交渉はあまりいい気分ではありませんよね。

　では、出品価格が10,480円の場合はどうでしょうか。多くの場合、10,000円と端数を切り落とした価格で交渉してきます。これなら大幅な値引き交渉をされて嫌な気持ちになることも少なくなります。

「少しお値下げしていただけませんか？」への対応

端数効果は、値下げに応じる場合でも有効です。右の金額は、出品価格と値下げ後の金額ですが、一見して「大きく値下げしてもらえた！」ともっとも感じるのはどれでしょうか。

1. 880円 ➡ 830円
2. 970円 ➡ 910円
3. 890円 ➡ 820円
4. 930円 ➡ 899円

　値引き額は順に50円、60円、70円、31円です。3番が一番値引きが大きいのですが、4は一番値引額が少ないにも関わらず、大きく値引きをしたように受け止められます。これは次のような理由からです。

- **大台の数字が下がった（900円台 ➡ 800円台）**
- **端数効果**

　実際の値引き金額よりも、心理的にたくさん値引きしてもらえたと錯覚する効果を狙ったものです。キリの良くない金額は、ギリギリまで譲歩している印象を相手に与えます。

● 値下げするつもりがない場合の価格設定

　キリのいい数字を避けて、1,999円や1,980円、9,999円、9,800円など、大台より少し下の金額に設定しましょう。日本では9が並ぶ金額よりも、8を入れた数字のほうが見慣れているので安心感を与えるかもしれません。

● 値下げ交渉を見越した価格設定

　3,280円、5,380円といった具合に、キリのいい数字に少しプラスした金額に設定してみましょう。これにより、値引き交渉相手が3,280円➡3,000円、5,380円➡5,000円のような値引きを提案してくる可能性が高くなり、500円や1,000円単位の大幅な値引き交渉を避けることができます。

　逆に、こちらから値段を提示するときは、3,280円➡2,999円とすればギリギリまで頑張って値下げしたような印象を与えることができます。

Point

◆ 値引きを受ける場合にも、端数効果を意識する

値引き交渉に応じる場合の交渉術

　値引き交渉に応じる場合でも、少しでも高く売りたいというのが出品者の本音だと思います。「値引き交渉の手間を最小限にしたい」「なるべく高く売りたい」という方針で、普段筆者が行っている交渉手順を紹介します。

● 交渉相手の提示価格まで値下げを受け入れる場合

　提示価格まで値下げを承諾する場合は、実際に購入してもらうまでの手間を最短にすることが目標です。そこで、提示価格に値下げしてから「○○円に値下げしました。ご購入お待ちしております。」とコメントします。そうすることで、何度もやり取りをする手間が省けます。

● 明確な金額を示さず、値下げ交渉を受けた場合

　具体的な金額を示さず「お値下げ可能でしょうか？」と交渉を受けることがあります。このような場合、いくら値下げしたら相手が購入するのかがわかりません。これは購入希望者も同じで、「どれくらいなら断られずに値下げしてくれるだろう？」と思いながら尋ねています。

　ここは悩みどころですが、わずかな値下げだけでも案外あっさり買ってもらえることが多いです。

例えば5,380円の出品価格で値下げ交渉を受けたとします。購入希望者が期待する値下げ金額は「380円」かも知れません。それでも、出品者が「5,300円」と提示すると少しガッカリしながらも「買う」選択肢を選びます。

これは「**返報性の原理**」と呼ばれるものです。人は、他人から何かしてもらった場合、お返しをしなければならないという心理が働きます。値下げ交渉する前に、すでにその商品が欲しくなっていることが背景にあり、希望金額に届かなくても「**値下げしてもらったから買わなくては**」と思う心理と、「**思った金額と違ったけどまあ仕方ないな**」と値下げ額に関係なく購入に至るケースが多いのです。

> ### Point
>
> ◆ 値下げする場合は、先に値下げしてからコメントする
>
> ◆ 金額提示がない場合、わずかな値下げでも買ってもらえることが多い

値下げ金額を提示する場合は、相手に同意を求めない

値下げ金額を交渉相手に伝える場合、「5,300円でいかがでしょうか？」と**尋ねてはいけません**。尋ねると「5,000円では無理ですか？」と返事が返ってくる可能性が高いためです。何度もやり取りする手間と、さらに値下げをする恐れが出てくるので、**値下げ交渉は一回で決めましょう。先に商品価格を下げてから「5,300円に値下げ致しました。ご購入お待ちしております。」とコメントを入れてしまいましょう。**これにより、**交渉は一回で終了**します。

ただし、ネット上でのやり取りは対面ではなく、値下げされても購入希望者が購入せず断ることへのハードルは低いです。**値下げ金額の提示を受けても、価格に納得しなければ無言で去る人も一定数います。**そのような場合は諦めて再び価格を戻しましょう。

これらの方法は万能ではありませんが、一度試してみてください。

> ### Point
>
> ◆ 値下げする場合は、先に値下げしてからコメントを入れると、やり取りの回数を減らせる

7-3 スムーズな取引のために 用意しておきたい定型文集

出品者が購入者へ送るメッセージと評価コメント例

　商品が売れたら、できるだけ早く購入者にお礼メッセージを送りましょう。連絡がないと購入者は不安になりますし、悪い評価につながります。商品をすぐに送ることができないときはなおさらです。

　長いメッセージを送る必要はありません。簡潔に丁寧な対応を心がけましょう。以降に、状況別のメッセージサンプルを掲載します。参考にしてみてください。

> **Point**
> ◆ 商品が売れたら、まず購入者にお礼のメッセージを送る

出品者側のメッセージサンプル

● 商品が売れたときの文例

> この度は、ご購入ありがとうございます！
> 発送準備が整いましたら改めてご連絡差し上げます。
> どうぞよろしくおねがいします(*^^*)
>
> 〈少し配送までに時間がかかる場合〉
> この度は、ご購入ありがとうございます！
> ○月○日にお送りする予定です。
> 発送準備が整いましたら改めてご連絡差し上げます。
> どうぞよろしくおねがいします(*^^*)

7

売上につながるコメント対応術

- 商品を発送した後の文例

こんにちは (*^^*)
本日〇〇にて発送しました。
お手元に届くまで
今しばらくお待ち下さいませ m(_ _)m

- （クリックポストなどで）お問合せ番号を知らせる場合の文例

こんにちは (*^^*)
本日〇〇にて発送しました！
お問合せ番号は〇〇〇〇〇〇〇〇〇〇〇です。
お手元に届くまで
今しばらくお待ち下さいませ m(_ _)m

　なお、メルカリ便の場合は取引画面に配送状況が表示されるので、お問合せ番号を伝える必要はありません。

- 評価コメントの文例

この度はご購入いただきありがとうございました (*^^*)
また機会がございましたら
どうぞよろしくお願いいたします♡

　取引相手の評価は、取引に問題がなければ通常は「よい」を選びます。少し問題がある場合に「普通」、取引にトラブルがあった、大きな問題が発生した場合

のみ「悪い」を選びます。評価時にコメントも必ず入れるようにしましょう。

購入者が出品者へ送るメッセージと評価コメントの例

先の文例は、出品者から購入者へ送るメッセージの例でした。しかし、**自分が購入した場合も、出品者に挨拶のメッセージを送る習慣を持ちたいものです**。

ネットショップでは、購入時にお店にメッセージを送ることは稀なので、不思議に感じるかも知れません。しかし、メルカリはフリマアプリであってショップではないため、**相互のコミュニケーションが大事**です。売り手、買い手、お互いが気持ちの良い取引をするためには、「買ってあげた」とお客様気分で待つのではなく、メッセージを送るように心がけましょう。また、**ユーザーの評価は出品者・購入者いずれの立場でも同じ**です。そのため、**出品者としての自分のアカウントを育てる意味でも、購入者の立場でも丁寧な対応を心がけていてマイナスになることはないでしょう**。

長いメッセージを送る必要はありません。逆に、商品への思い入れが強すぎてあまりに長いメッセージを送ってしまうと、出品者の負担にもなりかねません。**簡潔に丁寧なメッセージを送ることを心がけましょう**。

● **購入時の文例**

はじめまして(*^^*)
購入させていただきました。
短い間ですがどうぞよろしくお願いいたします!

● 発送通知を受け取った後の文例

> ありがとうございます！届くのが楽しみです(*^^*)
> 受け取りましたら評価にてご連絡いたします♪

● 商品受け取り評価コメントの文例

> 無事受け取りました(*^^*)
> この度は、迅速丁寧なご対応ありがとうございました♡

評価時にも必ずコメントを入れるようにしましょう。

商品を受け取ったら、必ず出品者を評価してください。受取評価するまで出品者に売上が入らないためです。

評価の基準も、出品時と同じです。取引に問題がなければ通常は「よい」を選びます。少し問題がある場合に「普通」、取引にトラブルがあった、大きな問題が発生した場合のみ「悪い」を選びます。

Point

◆ 商品を受け取ったら必ず「受取確認」と「評価」をする

Chapter
8

梱包テクニックと
配送方法の選び方

8-1 梱包グッズと、発送に必要なアイテムを揃えよう

梱包グッズを用意

商品が売れたら、梱包して発送します。前もって**梱包に必要なグッズを用意しておく**と、商品が売れたときに慌てずに済みます。

梱包のポイントは、まず雨に濡れても商品に影響がないように、**ビニールなどの素材で商品を保護**すること。その上で、**ダンボール**や**封筒**など**商品の形状に合わせた梱包**を行って送りましょう。

梱包に必要な最低限のグッズは、ほとんど100円ショップやホームセンターで入手できます。ショップが近所にない場合は、**メルカリの公式ストア**で購入できます。あるいは、梱包材料を出品している人も多いので、メルカリで入手するといいですよ。

以降、梱包に必要なグッズを紹介します。

Point

◆ 売れてから慌てないために、梱包に必要なアイテムは事前に用意

《 メルカリ公式ストアでメルカリオリジナルの梱包グッズが入手できる

● ダンボール箱やショップの紙袋

封筒に収まらないものは、**段ボールやショップの紙袋**などに入れて発送します。**使い古したダンボールは印象が良くないので**、新品でなくても**できるだけ状態の良い箱**を利用してください。

- 「宅急便コンパクト」の箱

「**宅急便コンパクト**」は、60サイズよりも小さな荷物を発送できるクロネコヤマトのサービスです。専用の箱を用いますが、1箱70円でファミリーマートやクロネコヤマトの支店などでで購入できます。

宅急便コンパクトでは、5cmの厚さのものまで送ることができます。 コンビニで購入してその場で発送することもできますが、予備が家にあったほうが便利です。

- ゆうパケットプラスの箱

「**ゆうパケットプラス**」は、日本郵便とメルカリが連携した「**ゆうゆうメルカリ便**」限定のサービスです。専用の箱は65円で郵便局やローソンで購入できます。厚さ7cmのものまで送ることができます。

- 封筒（基本はA4サイズ）

商品発送に使う、様々なサイズの封筒を用意しましょう。封筒で発送する場合、A4サイズまではメルカリ便（ネコポス・ゆうパケット）で安く送ることができるので、**基本はA4サイズの封筒を用います。**

《 宅急便コンパクトの箱

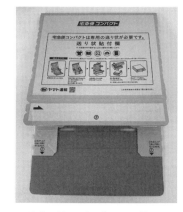

《 ゆうパケットプラスの箱

《 A4、B5封筒

● OPP袋 (テープ付き)

開口部にテープが付いて、閉じると封筒として利用できる**OPP** (Oriented Polypropylene：透明フィルム) **袋**を用意します。発送する商品をOPP袋に入れることで、水濡れを防げます。商品が丁寧に梱包されていると、商品も良いものに思えてきます。一般的なビニール袋などでも代用できますが、見た目も綺麗なOPP袋がお勧めです。メルカリで探すなら「**OPP袋 テープ付き**」などと検索するといいでしょう。

《 OPP袋 (テープ付き)

● エアーパッキン (プチプチ)、クッションシート、衝撃吸収材

《 エアーパッキンや透明なガムテープ

エアーパッキン (プチプチ)、**クッションシート、衝撃吸収材**はいわゆる「**緩衝材**」と呼ばれる物です。割れ物や精密機器などを送る際に、輸送中の破損から商品を守るために必要です。商品を封入したOPP袋を、緩衝材で包んで封筒や段ボールに入れて発送します。

緩衝材は、**ホームセンターなどでロールの物を買うのが安価でお勧め**です。

● セロファンテープやガムテープ

緩衝材や段ボールなどをとめるのに幅広のテープを用います。**ガムテープは見た目がきれいな透明なもの**がお勧めです。

Point

◆ A4サイズ封筒が基本。専用の箱があるものはあらかじめ購入しておく

◆ 水濡れ対策は必須。ビニール素材で商品を保護して送ろう

配送や梱包に必要な道具

梱包で気をつけたいのは、大きさや重さ、そして厚みによって送料が変わってしまうことです。**必要以上にかさばらないように、コンパクトに、かつ無事に購入者のもとに届くような梱包**を心がけましょう。

事前に送料を含めた価格設定をしているはずですが、梱包したら配送業者に持ち込む前に重量やサイズ等を確認して送料を確かめておきます。重さを量る**キッチンスケール**やサイズを測る**メジャー**があると便利です。

● キッチンスケール、体重計

軽く小さな商品の重さを量る場合は、**キッチンスケール**を用います。大きく重たい商品の重さを量る場合は**体重計**を用います。

● メジャー、定規

商品や梱包サイズを測るのに**メジャー**や**定規**を使います。商品や、梱包した箱に沿って測れる、柔らかいタイプのメジャーがあると便利です。

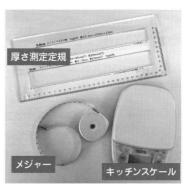

《 厚さ測定定規、
メジャー、キッチンスケール

厚さ測定定規

メジャー

キッチンスケール

● 厚さ測定定規

厚さ測定定規は、定規に穴が空いていて、そこを通るか通らないかで封筒や箱の厚さを確認できる定規です。メルカリ便の**ネコポス**や**ゆうパケット**など、**厚さ制限がある配送方法**を利用する際に便利です。

> **Point**
> ◆ 重量を量るスケール、商品や梱包サイズを測るメジャーや定規を用意

8-2 アイテム別、梱包のコツ

梗包の３つのポイント

❶ できるだけ小さく！

発送物は、基本的にサイズが大きいほど送料が高くなります。送料を出品者負担にしている場合「予想以上に送料が高くて利益がなかった」とならないためにも、できる限りコンパクトに梱包しましょう。

商品より大きめの袋や箱に入れた場合は、折りたたむなどして商品サイズぴったりに縮めましょう。

❷ できるだけ軽く！

サイズだけでなく、基本的に重量も重くなるほど送料が高くなります。梱包の際、余分なものは省いてなるべく軽くしたいところです。

箱や紙袋に入れたら、重量をチェックしましょう。規定重量をオーバーするようなら、入れ物の不要な部分を切り取ったり、軽い素材の梱包資材に換えたりと工夫して軽くしましょう。

❸ 破損と水濡れを防ぐ！

商品の破損や、輸送中の水濡れを防ぐように注意しましょう。「水濡れ防止の袋（OPP袋）に入れる」「壊れ物はエアーパッキン（緩衝材）で包む」「箱の中で動かないように固定する」などのような工夫が有効です。

どんなに小さく、軽くしても、商品が無事届くよう、購入者ががっかりしないよう、丁寧な梱包を心がけてください。

Point
◆ できるだけ小さく軽く、そして破損と水濡れを防ぐ梱包を心がける

梱包例：小物（長財布）

長財布のような小物を梱包する際は、**ベルトやロゴ、金具に傷がつかないようにエアーパッキンで包みます。宅急便コンパクト**（厚さ5cm以内）もしくは**ゆうパケットプラス**（厚さ7cm以内）に入れて送るのがお勧めです。特に**価格が5,000円以上**のものは、仮に3cm以内に収まっても、郵便受けで配達が完了する「ネコポス」や「ゆうパケット」にしないで、**手渡し配送の宅急便コンパクトやゆうパケットプラスにする**のが無難です。

《 宅急便コンパクト（5cm以内）・
　ゆうパケットプラス（7cm以内）

Point

◆ 長財布のような小物はエアーパッキンで包み、手渡し配送で送る

梱包例：CDやDVD

《 ケースの破損を防ぐためエアーパッキンで包む

CDやDVDを梱包する場合は、ケース破損や傷を防ぐために**エアーパッキ**

151

ンで包み、封筒で送ります。OPP袋に入れるとさらに丁寧です。

梱包例：本

本を梱包する場合は、水濡れを防ぐためにOPP袋に入れて、封筒で送ります。書籍の形状によりますが、通常は緩衝材は必要ではありません。

《 本はOPP袋に入れて封筒で発送する

梱包例：薄手の衣類（T-シャツやブラウスなど）

T-シャツやブラウスのような**薄手の衣類の梱包**では、水濡れを防ぐため、また型崩れを防いでコンパクトにまとめるために、**OPP袋に入れて封筒で送ります**。袋に小さな穴を開けると、空気で膨らみません。

《 OPP袋に入れてコンパクトに

梱包例：スマートフォン・精密機器

スマートフォンのような**精密機器**の梱包は、水濡れと衝撃を防ぐために商品を**エアーパッキンで包み**ます。そして、箱の中でも動かないように**隙間を埋める**か、もしくは**テープ**などで箱に**固定**して、輸送中に動かないようにしましょう。

《 輸送中動かないような工夫が必要

梱包例：バッグ

柔らかいバッグの梱包は、綺麗に形を整えて、防水や傷がつくのを防ぐために**エアーパッキンで包み**、**箱に入れて送ります**。重量との兼ね合いになりますが、型くずれを防ぐために、バッグの中に詰め物をして形を整えてもいいで

しょう。

《 プチプチでくるんで箱詰めして発送

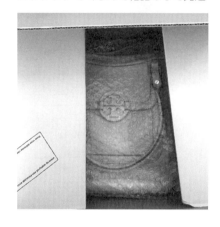

Point

◆ バッグはエアーパッキンで包む

◆ 箱詰めして発送する

梱包例：食器

食器など**割れ物**は**エアーパッキン**で包んで衝撃から守り、箱の中で動かないように**隙間**を**緩衝材で埋めて**発送します。

《 エアーパッキンで包み、緩衝材で固定する

Point

◆ 割れ物はエアーパッキンで包み、緩衝材で隙間を埋める

8-3 カードやラッピングで ひと手間かけた梱包を

サンクスカードで好印象＆トラブルも未然に防ぐ

＊＊＊

　筆者は、商品に**お礼のメッセージカード**を入れています。購入してくれたことへの感謝の気持ちを伝えるという目的だけでなく、**トラブルを未然に防ぎたい**という思いもあるからです。感謝のメッセージカードを同梱することで、購入者に好印象を持ってもらえれば、トラブルが発生した際もコミュニケーションを取りやすくなる可能性があります。

　中古商品の場合、出品者が不具合をうっかり見落としてしまい、購入者が「想像していたものと違った」と感じて、低評価になってしまうことがあります。**万が一商品に不具合があったとしても、購入者から評価前にメッセージを送ってもらえれば、何かしらの解決策を提案できます。**誠意を持って対応すれば購入者の気持ちも和らぎ、悪い評価をつけられる事態を避けられるかもしれません。

　サンクスカードの文例を掲載します。筆者は印刷して同梱していますが、手書きで一言お礼を書いたメッセージカードや、梱包した封筒の裏に「ありがとうございました」と書くだけでも、印象が良くなりますよ。

《 サンクスカードの実例

Thank you

ご購入ありがとうございます♡
ご縁をいただき心よりお礼申し上げます。
商品をお気に召していただけると嬉しいです。

商品の点検には万全を期しておりますが、
万が一気になる点などございましたら、
評価前にお知らせ下さいませ。
できる限りの対応をさせていただきます。

また機会がございましたら、
どうぞよろしくお願いいたします。

この度はありがとうございました♡

ラッピングを工夫する

梱包するときに **ラッピング** でひと手間加えてみませんか。ちょっとした心配
りで、購入者の満足度が格段にアップします。

華美な梱包は必要ありません。簡
易的なラッピングで十分です。特に
ハンドメイド作家さんなどは、リ
ピーターにつなげるためにラッピン
グを工夫してみてくださいね。

シール、**マスキングテープ**、**メッ**
セージカード、**絵柄の入ったジップ**
袋、**包装紙** などなど。ほとんどの
ラッピングの材料は、100円ショッ
プで揃います。

《 ラッピング材料

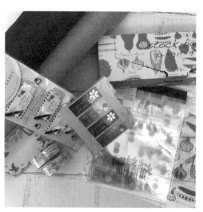

8-4 最適な配送方法を選ぶポイント

安さと便利さを重視した配送方法

配送方法はいろいろあります。ここでは「**安さ、便利さ**」を重視した、お勧めの配送方法に限定して紹介します。

- **小さいものを安く送る**
  定形郵便　厚さ1cm（25gまで／ 84円）（50gまで／ 94円）
  定形外郵便　厚さ3cm、長辺34cm、短辺25cm以内
  　　　　　　（50gまで／ 120円）（100gまで／ 140円）

- **補償（配送サポート）がある**
  らくらくメルカリ便　（ネコポス／宅急便コンパクト／宅急便）
  ゆうゆうメルカリ便　（ゆうパケット／ゆうパケットプラス／ゆうパック）

- **追跡可能**
  らくらくメルカリ便　（ネコポス／宅急便コンパクト／宅急便）
  ゆうゆうメルカリ便　（ゆうパケット／ゆうパケットプラス／ゆうパック）
  レターパックプラス

- **匿名で配送（購入者に住所・氏名を知られたくない）**
  らくらくメルカリ便　（ネコポス／宅急便コンパクト／宅急便）
  ゆうゆうメルカリ便　（ゆうパケット／ゆうパケットプラス／ゆうパック）

- **宛名書きなどの手間を省ける**
  らくらくメルカリ便　（ネコポス／宅急便コンパクト／宅急便）
  ゆうゆうメルカリ便　（ゆうパケット／ゆうパケットプラス／ゆうパック）

- **集荷（荷物の引き取り）可能**
  らくらくメルカリ便　（宅急便コンパクト／宅急便）集荷手数料30円

- 郵便受けへの投函ではなく、手渡し配達する

  らくらくメルカリ便 （宅急便コンパクト／宅急便）

  ゆうゆうメルカリ便 （ゆうパケットプラス／ゆうパック）

  レターパックプラス

- 購入者が自宅以外の受け取り場所を指定できる

  ゆうゆうメルカリ便

《 配送サービス早見表

厚さ	配送方法	料金	追跡	匿名配送	補償	手渡し
1cm	定形郵便 25gまで 定形郵便 50gまで	84円 94円	✕ ✕	✕ ✕	✕ ✕	✕ ✕
2.5cm	らくらくメルカリ便（ネコポス）1kgまで	195円	◯	◯	◯	✕
3cm	ゆうゆうメルカリ便（ゆうパケット）1kgまで	175円	◯	◯	◯	✕
5cm	らくらくメルカリ便（宅急便コンパクト） 重さ規定なし 専用箱70円	380円	◯	◯	◯	◯
7cm	ゆうゆうメルカリ便（ゆうパケットプラス） 2kgまで 専用箱65円	375円	◯	◯	◯	◯
5cm以上	レターパックプラス 4kg まで専用ケースは 変形可能で、蓋さえ閉まれば厚さは問わない	520円	◯	✕	✕	◯

《 ゆうゆうメルカリ便（ゆうパック）　らくらくメルカリ便（宅急便）

全て追跡、匿名配送、補償、手渡しあり

3辺の長さ（重さ）	配送方法	料金
60サイズ（2kgまで） 60サイズ（25kgまで）	らくらくメルカリ便（宅急便） ゆうゆうメルカリ便（ゆうパック）	700円 700円
80サイズ（5kgまで） 80サイズ（25kgまで）	らくらくメルカリ便（宅急便） ゆうゆうメルカリ便（ゆうパック）	800円 800円
100サイズ（10kgまで） 100サイズ（25kgまで）	らくらくメルカリ便（宅急便） ゆうゆうメルカリ便（ゆうパック）	1,000円 1,000円
120サイズ（15kgまで）	らくらくメルカリ便（宅急便）	1,100円
140サイズ（20kgまで）	らくらくメルカリ便（宅急便）	1,300円
160サイズ（25kgまで）	らくらくメルカリ便（宅急便）	1,600円

購入者の気持ちを考えた、売れやすい配送方法

　送料を抑えると、送料込みの出品価格を低く抑えられるので、**出品者はどうしても送料が安い発送方法を選びたくなります**。安くあげるため、**小さいものなら定形郵便で送りたい**という出品者の気持ちもわかります。しかし、購入者の立場で考えたらどうでしょうか。

　購入者の立場で考えると、最も嬉しいのは「**らくらくメルカリ便**」か「**ゆうゆうメルカリ便**」です。「自分の住所を他人に知られたくない」という人は、あなたの想像以上に多いかも知れません。特に、女性はストーカー被害などを懸念して自分の住所や名前を公開したくない傾向にあります。そのような人は、匿名配送の出品者からしか購入しません。ほんの少し送料を安くするよりも、売れやすさを重視したほうがよくないでしょうか。

　また、日中不在が多い購入者の場合、コンビニや郵便局で受取可能な「ゆうゆうメルカリ便」が人気です。らくらくメルカリ便、ゆうゆうメルカリ便については、次節で詳しく解説します。

《 らくらくメルカリ便・ゆうゆうメルカリ便は「匿名配送」と表記される

高価なものを送るときの配送方法

　高額な商品を送る場合は、手渡しで補償のある配送方法を選択しましょう。商品代金の目安は5,000円以上です。追跡のない定形外郵便は論外ですが、追跡があるものでも、郵便受け投函の配送方法は、万が一のことを考えて避けたほうが無難です。

手渡しで補償（安心サポート）のある配送方法

- らくらくメルカリ便（宅急便）
- らくらくメルカリ便（宅急便コンパクト）
- ゆうゆうメルカリ便（ゆうパック）
- ゆうゆうメルカリ便（ゆうパックプラス）

Point

- ◆ 5,000円以上の高額商品は、手渡しで補償のある配送方法を
- ◆ 追跡機能があっても、郵便受け投函の配送方法は避ける

匿名配送・宛名書き不要・全国一律送料の「メルカリ便」

メルカリ便とは？

メルカリ便は、メルカリがクロネコヤマトおよび日本郵便と提携して始めた配送サービスです。フリマアプリのサービス利用者にとっての必要な特徴を備え、簡単かつ便利に商品を配送できます。

メルカリ便には「**らくらくメルカリ便**」と「**ゆうゆうメルカリ便**」が

メルカリ便の特徴

- 宛名書き不要
- 匿名配送
- 全国一律送料
- 手続きはアプリで行う
- 配送状況をアプリで確認できる
- 送料は売上金から差し引かれる

あります。**らくらくメルカリ便はクロネコヤマト**が、**ゆうゆうメルカリ便は日本郵便**が取り扱っています。らくらくメリカリ便、ゆうゆうメルカリ便は、それぞれヤマト運輸が提供する宅急便サービス、および郵便局が提供するゆうパックのサービスを、メルカリに対応させて匿名配送できるようにしたサービスと考えるといいでしょう。**一般で申し込む宅配便料金より安く発送できます。**

メルカリ便の最大の特徴は「**匿名配送**」です。出品者・購入者いずれもお互いに名前や住所を伝えずに商品の発送・受け取りができます。**送料は販売利益から差し引いて支払われるため、差し出しの際の会計は不要です。**送付先や発送人の記入なども必要なく、**商品が売れたら、梱包した商品とメルカリアプリがインストールされたスマホを持って、コンビニや郵便局に行くだけ**で手続きを行えます。また、**万が一配送にトラブルがあっても、メルカリがサポートしてくれる**ため安心です。メルカリ便は、商品代金に関わらず利用できます。送料が商品代金を上回った場合の差額はメルカリが負担してくれますが、何度も上回るとペナルティを受けるので注意してください。

《 らくらくメルカリ便とゆうゆうメルカリ便の違い
（https://www.mercari.com/jp/rakuraku-mercari/ より）

概要	らくらくメルカリ便	ゆうゆうメルカリ便
発送場所	ヤマト運輸営業所、セブンイレブン、ファミリーマート、宅配便ロッカーPUDO	郵便局 ローソン
集荷	可能（ネコポス以外）※集荷料30円（配送料別）	不 可
受け取り場所	自 宅	自宅、郵便局、ローソン、ミニストップ、日本郵便の宅配ロッカー「はこぽす」
対応サイズ	ネコポス（A4サイズ）、宅急便コンパクト、宅急便60〜160サイズ	ゆうパケット（A4サイズ）、ゆうパケットプラス、ゆうパック60〜100サイズ

● **匿名配送を利用する場合の注意点**

　商品が売れて支払いを完了した後でも、発送方法を変更してメルカリ便にすることはできます。しかし、その際匿名配送にはできません。**匿名配送を利用する場合は必ず購入手続き前にメルカリ便に設定**しましょう。

Point

◆ メルカリ便は匿名配送。出品者・購入者は名前や住所を伝えず取引

メルカリ便の発送方法

　メルカリ便は発送方法が豊富なため、ここでは細かく発送方法については解説しません。取引画面から利用する発送方法を選択して、二次元コードを表示してコンビニや郵便局、ヤマト運輸の営業所などで読み取ってもらい、荷物を渡して発送します。

Point

◆ 取引画面で二次元コードを表示して、コンビニなどで読み取ってもらうだけで発送手続きができる

8-6 家電・家具などの大型商品や 自分で梱包できない商品を送る

「梱包・発送たのメル便」を利用しよう

家具や家電のような大型商品を発送する場合は「**梱包・発送たのメル便**」を利用します。

梱包・発送たのメル便を利用すると、**ヤマト運輸が集荷に来ます**。自宅で、**梱包から配送先の設定まですべておまかせ**できます。万が一配送中に商品が破損した場合、メルカリがサポートしてくれるので安心です。

《 梱包・発送たのメル便のメリット

- 集荷や梱包はプロにおまかせ
- 出品した商品が購入されたら、日程を決めて集荷依頼をするだけ。集荷・梱包・搬出は全部おまかせで発送できる
- 配送先での設置もおまかせ
- お届け時に、搬入・設置・資材回収までやってもらえる
- 配送状況をアプリで確認できる
- 全国送料一律
- 商品金額に送料や梱包費用が自動で加算されて出品される
- 匿名配送

《 梱包・発送たのメル便、利用の流れ

1. 出品時に配送方法を選択

出品者が、出品時に配送方法「梱包・発送たのメル便」と商品の三辺合計サイズを選択する

2. 集荷・お届け日時をお互い調整

売れたら、出品者は集荷希望日を、購入者はお届け希望日時を入力

3. **出品者宅にヤマト運輸が集荷し、梱包する**

   出品者は商品を梱包しなくてよい

4. **購入者宅にヤマト運輸が配送、設置する**

   開梱・設置まで行ってくれる

《 サイズ別配送料金 (https://www.mercari.com/jp/tanomeru/ より)

サイズと該当商品	料金
80サイズ (80cmまで) スニーカー／ハンドバッグ／衣類／ショルダーバッグなど	1,700円
120サイズ (120cmまで) 炊飯器／電子レンジ／掃除機／コーヒーメーカーなど	2,400円
160サイズ (160cmまで) テレビ／空気清浄機／チャイルドシート／キャリーバッグなど	3,400円
200サイズ (200cmまで) 押入ダンス／肘掛け椅子／座卓／エアコン(室外機)など	5,000円
250サイズ (250cmまで) 全自動洗濯機／ドラム式洗濯機／学童机／カーペット(6畳・4.5畳)／単身用冷蔵庫／布団袋など	8,600円
300サイズ (300cmまで) ソファ(2人掛け)／自転車(22インチ)／食器棚など	12,000円
350サイズ (350cmまで) 家庭用冷蔵庫(大型)／シングルベッド(簡易型)／自転車(26インチ)／タンス／本棚など	18,500円
400サイズ (400cmまで)　ダブルベッド／衣装タンスなど	25,400円
450サイズ (450cmまで)　カウチソファなど	33,000円

Point

◆ 「梱包・発送たのメル便」は出品時に配送方法を設定する

◆ 「梱包・発送たのメル便」は梱包作業もお任せなので、自分で梱包が難しい商品の発送に便利

Chapter

9

売上金やポイントなどを
管理する「メルペイ」

メルペイとは

メルカリのキャッシュレス決済「メルペイ」

　「メルペイ」は、**メルカリアプリを使った決済サービス**です。メルペイでは、メルカリの売上金の管理（振込申請やポイント購入）だけでなく、「PayPay」や「LINE Pay」などのような**二次元コード（QRコード／バーコード）**や**電子マネー**による店舗決済も可能です。

《　二次元コード決済はメルペイマーク（左）がある店舗で利用可能
　　メルペイによる電子マネー決済はiDマーク（右）がある店舗で利用可能

　「iD」はNTTドコモが開発した**電子マネー**サービスです。スマートフォンやカードをかざすだけで支払いができる「**おサイフケータイ**」としても有名です。**キャッシュレス決済**においてメルペイは後発ですが、すでに全国に普及しているiDが利用できるので、不便さを感じることは少ないでしょう。

　iDが利用できるスマホ・端末は、iPhoneの場合は**日本国内で販売されたiPhone 7以降**、**Apple Watch Series 2以降**。Android端末は**FeliCaチップ搭載のAndroid 5.0**以降の端末です。

　メルペイで決済に利用できるのは、次の3つです。

* メルカリの売上金
* 銀行口座などからチャージしたお金
* メルカリのポイント

このうち、メルカリの売上金と、銀行口座などからチャージしたお金は「**メルペイ残高**」として表示されます。チャージは、登録した**銀行口座**のほか、**セブン銀行のATM**で直接チャージすることも可能です。

メルカリのポイントは、キャンペーンや友達招待などでもらえるものです。**1ポイント1円**で使用できます。**ポイントは有効期限がある（取得から180日）**ため、メルペイ決済で支払いをした場合、ポイントから先に利用されます。

《 メルペイ残高とポイント

Point

◆ メルカリ売上金の管理はメルペイで行う

◆ メルペイ決済は、メルカリの売上金がない人やメルカリで売買しない人でも、チャージすれば使える

◆ メルペイ対応店舗、もしくはiD対応店舗で決済利用できる

売上金を支払いに利用できる

メルペイの最大の特徴は、**メルカリの売上金を実店舗での決済に利用できる**ことです。

これまで、メルカリの売上金を利用する方法は、メルカリ内で出品物を購入するか、銀行口座に振り込んでもらうかしかありませんでした。しかし、メルペイのサービスが始まってから、**メルカリの売上金を普段の生活にも使える**ようになりました。

もちろん、他の決済サービスと同じように、銀行からメルペイにチャージすることも可能です。

Point

◆ メルカリの売上を、メルペイで店舗決済に利用することもできる

売上金・ポイントをお店で使うには？

　メルカリの売上金メルペイの残高、メルペイポイントは、前ページのメルペイ画面で確認できます。二次元コードで支払いをする場合は、前ページのメルペイ画面で「**コード決済**」あるいは「**読み取り**」をタップすることで支払いができます（どちらを利用するかは店舗によって異なります）。

　電子マネー（iD）加盟店でメルペイで支払う場合、利用金額や店舗によっては暗証番号の入力が必要になる場合があります。これはメルペイのパスコードとは別に設定します。支払い時に慌てないように、事前に登録しておきましょう。

---

1. 「メルペイ」画面下部にある「メルペイ設定」をタップ
2. 「iD決済の設定」をタップ
3. 「iD決済用暗証番号」をタップ
4. メルペイのパスコードを入力（もしくはFace IDで）して次の画面が開く
5. iD決済用の暗証番号4桁を2回入力して設定完了

Point

◆ メルペイで二次元コード決済する場合は、「コード決済」「読み取り」のいずれかから行う

◆ 電子マネー（iD）で決済する場合は、iD決済用暗証番号が必要なときがある

「銀行口座登録」あるいは「本人確認」でメルペイが便利に

メルカリの売上金がそのまま使えるようになる

通常、メルカリの売上金で商品を購入するには、売上金でポイントを購入する必要があります。

しかし、メルペイで**銀行口座を登録**するか、あるいは**本人確認**を行うと、「**売上金**」が「**メルペイ残高**」に表記が変わり、「**売上金でポイントを購入する**」というステップが不要になります。

《 どちらかを実行すると便利に

- 「お支払い用銀行口座を登録」
- 「アプリでかんたん本人確認」

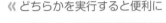

《 「売上金」表記が「メルペイ残高」に変わる

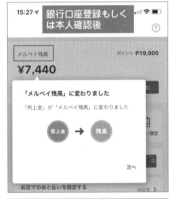

登録のメリット

銀行口座登録と本人確認をするメリットには次のようなものがあります。

「お支払い用銀行口座登録」「アプリでかんたん本人確認」共通のメリット

- 売上金がメルペイ残高に自動チャージされ、そのつどポイントを購入する必要がなくなる
- 売上金の180日間の振込申請期限（有効期限）がなくなる

「お支払い用銀行口座登録」のメリット

- 登録した銀行口座からメルペイ残高にチャージできる（手数料無料）ので、売上金がないときでも買い物ができるようになる
- 銀行ATMに行く必要もなく、アプリですぐにチャージ可能

　支払い用銀行口座の登録は、「メルペイ」画面下部の「銀行チャージ」から行います。メルカリの本人確認は、「メルペイ」画面下部の「本人確認」から行います。

Point

- ◆ メルペイに「支払い用銀行口座」を登録すると、アプリで即チャージでき、売上金がなくても買い物が可能に
- ◆ 180日の振込申請期限もなくなる

メルペイを買い物に利用する手順

＊＊＊

　「メルカリの会員・会員ではない」「売上あり・なし」など、それぞれでメルペイを「メルペイやiDが使えるお店」で買い物に利用する手順を次の図であらわしました。

《 メルペイを買い物に利用する手順

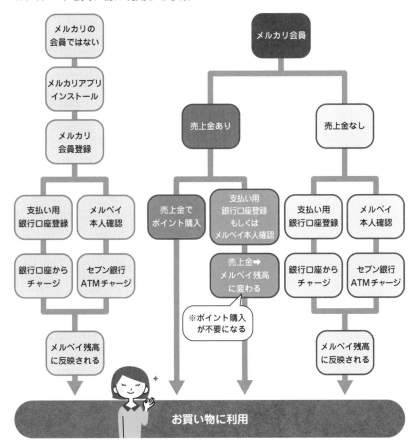

Point

◆ メルカリ会員でない人は、まずはアプリインストールから!

◆ 売上金がある人は即買い物利用可能

9-3 銀行口座からメルペイ残高にチャージする

銀行口座からチャージする

支払い用銀行口座を登録すると、いつでもメルペイにチャージ（入金）できるようになります。**チャージは無料で1,000円から可能**です。一部金融機関を除き、**金融機関が営業していない時間でもすぐにチャージされます。**

チャージは、メルペイ画面の「チャージ（入金）」から行います。

《チャージ（入金）をタップ

Point

◆ 銀行からチャージするとすぐにメルペイ残高に反映され、買い物に利用できる（一部金融機関を除く）

◆ チャージ手数料は無料で、1,000円からチャージできる

9-4 クーポンを利用してみよう

クーポンの使い方

「**クーポン**」は、**メルペイが使えるお店で割引を受けられるサービス**です。利用できるクーポンがある場合は「メルペイ」画面に表示されます。

クーポン利用時の支払方法は各クーポンに記載されています。iD決済と、コード払い（バーコード／QRコード）のいずれかで支払います。

《 クーポン

Point

- ◆ お得なクーポンがある場合は、メルペイの画面に表示される
- ◆ 時間制限のあるクーポンは、利用直前にレジ前で「レジ前でめくろう!」と記述されている青いシールをめくって利用する

9-5 翌月にまとめて支払い 「メルペイスマート払い」

メルペイスマート払いとは？

「**メルペイスマート払い**」（旧「**メルペイあと払い**」）は、**今月の購入代金を、翌月にまとめて支払いできるサービス**です。メルカリでの買い物や、コンビニなど全国のメルペイが使える店舗での支払いに利用できます。

● メルペイスマート払いのポイント

- ・ 月に何回買い物をしても、支払いは月に1度
- ・ 支払いは翌月
- ・ 利用上限設定があるので（¥1,000～¥50,000）使いすぎを防げる

メルカリでの支払い方法や、メルペイが使える店舗での支払い方法を、メルペイスマート払いに設定して購入します。メルペイスマート払いを利用していると、毎月1日に前月の利用明細が通知されます。コンビニATMで現金で支払うか、残高払いのいずれかの支払い方法を選択し、**通知を受け取った1日から月末までの間に精算します**。

《「メルペイスマート払い」支払いサイクルのイメージ

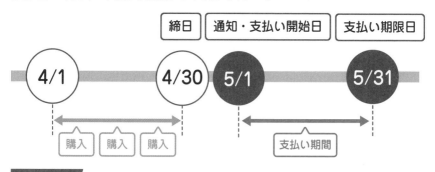

Point

◆メルペイスマート払いなら、翌月にまとめて支払いができる

メルペイスマート払いの利用

メルペイスマート払いを利用するには最初に1度だけ設定が必要です。「メルペイ」▶「メルペイスマート払い」▶「設定をはじめる」の順にタップして、「**支払い用銀行口座の登録**」もしくは「**本人確認**」のいずれかを行います。次いで、**利用限度額設定**を行います。利用限度額は後から設定変更できます。

メルカリの購入でメルペイスマート払いを利用するには、購入の「支払い方法」の選択の際にメルペイスマート払いを選択するだけです。メルペイスマート払いを利用した場合、購入手続き後すぐに出品者が商品を発送できるようになります。

店舗でメルペイスマート払いを利用する場合は、メルペイ画面上部の「メルペイ残高」をタップして「メルペイスマート払い」に切り替えるだけです。

《 メルペイスマート払いで購入

《 店舗でメルペイスマート払いを利用

Point

◆ 利用上限金額を自分で設定できるので使いすぎを防げる

◆ 「メルペイ残高」「メルペイスマート払い」はいつでも変更可能

9-6 売上金や銀行口座からのチャージを振込（入金）申請する

売上とチャージは「メルペイ残高」でプール

メルカリの売上と銀行口座からのチャージは、すべて「メルペイ残高」としてプールされています。**メルペイ残高はユーザーの希望に応じて指定口座へ振込（入金要請）できます。**振込の申請は、「メルペイ」画面の画面下部「振込申請」から行います。

- 「お支払い用銀行口座登録」「アプリでかんたん本人確認」実行済みの場合
  - 売上金の180日間の振込申請期限（有効期限）がなくなり、いつでも振込申請可能

- 「お支払い用銀行口座登録」「アプリでかんたん本人確認」未実行の場合
  - 売上金の振込申請は、売上金が発生してから180日が期限

振込手数料や注意点

振込手数料は、振込金額に関係なく一律200円かかります。メルペイ残高、もしくは売上金が201円以上あれば振込申請することができます（201円の場合は1円）。銀行からチャージしたお金も振込申請することができます。

なお、**購入したポイントや獲得したポイントは、現金として銀行口座に振り込むことはできません。**

Point

- ◆ 振込手数料は一律200円
- ◆ ポイントは現金として振り込むことはできない

Chapter
10

なかなか売れない商品を
売れる商品に変えるテクニック

10-1 「いいね!」がつくのに売れないのはなぜ?

すぐ購入しないで「いいね!」をする理由

商品出品していて、**商品に「いいね!」がつくのに売れない**ことがあります。それはどのような原因なのでしょうか。

自分が購入者の立場だったら、どんなときに「いいね!」をするか考えてみましょう。今すぐ欲しい商品に「いいね!」をするでしょうか。筆者であれば、**欲しい!と思ったらすぐ購入します**。もたもたしている間に誰かに買われてしまうかもしれないですから、値切ったり、コメントを入れたりする余裕もありません (笑)。

「いいね!」がたくさんついている商品は、注目度や人気が高いことを表していますので、商品自体には魅力があると考えられます。にもかかわらず、なかなか売れないのはなぜでしょうか。

そこで「いいね!」する人の心理を考えてみましょう。商品に興味を持った人がすぐに購入しないで「いいね!」する理由をいくつか挙げてみました。

「いいね!」がつくが売れていない商品の理由

- 欲しいけれど、価格が高い
- 他の商品 (同じ商品の他出品や、類似商品) と比較検討したい

自分が「いいね!」した商品は、「マイページ」 ▶ 「いいね!・閲覧履歴」でチェックできるため、上記のように「購入の決断はできないけれど気になる商品」に印をつける目的で「いいね!」をします。

> **Point**
>
> ◆ 「いいね!」が多いのに売れないのは、主に価格設定 (高い) が理由

購入を促すには値下げを検討する

「いいね！」はつくのに売れない場合、ユーザーに購入を促すにはズバリ、値下げを検討してください。商品に興味はあっても購入に踏み切れないのは、ほとんどが価格のせいです。商品価格を一定金額（商品価格が2,000円未満の場合は100円以上値下げ、2,000円以上20,000円未満の場合は5%以上値下げ、20,000円以上の場合ははじめて1,000以上値下げした場合）以上値下げすると、「いいね！」をした人にお知らせが届きます。これにより、価格がネックで迷っていた人が買ってくれるかも知れません（値下げ通知は半日〜1日かかります）。そして、値下げしたことを「コメント欄」に記載（投稿）しましょう。「いいね！」した人にはコメントが入った場合もお知らせが届きます。

値下げをしたくない場合は、再出品する方法があります。再出品の場合は「いいね！」をつけた人にアピールすることはできません。しかし、「いいね！」がついていたのであれば、「いいね!」がつかない商品よりは需要はあると見込めるため、適切なタイミングで再出品をすることで売れやすくなります。

再出品のコツは、カテゴリーや出品時間を変えてみることです。それについては次節、次々節で詳しく解説します。

「いいね！」の数と人気度の目安

- 1日でついた「いいね！」の数が5以上
  人気の高さを伺える➡2、3日経っても売れない場合は値下げしてみる

- 1週間でついた「いいね！」の数0〜3
  少し様子を見て、カテゴリーや価格、出品時期を見直して再出品

- 1週間でついた「いいね！」の数3〜10
  10%値下げして様子を見る➡売れない場合は、カテゴリーや価格、出品時期を見直して再出品

Point

◆一定金額以上値下げすれば、「いいね!」した人に通知が届く

◆コメント欄でも値下げを告知しよう

10-2 再出品テクニック ──（1）出品カテゴリーの見直し

商品を検索する人は３つのタイプに分かれる

商品を探す人は、おおむね次のタイプに分かれます。

- キーワード検索する人
- カテゴリーをたどって商品を探す人
- ブランドをたどって商品を探す人

カテゴリーやブランドをたどって探す人が目にするのは、カテゴリー内の商品のみです。他のカテゴリーやブランドの出品商品を目にすることはありません。商品を探す際にキーワード検索する人ばかりではないので、**適切なカテゴリーを設定しないと、多くの人の目に触れず機会損失**につながります。

例えば、「スマートフォン本体」や「ゴルフ／クラブ」のような、このカテゴリーしかないという明快な商品であれば、出品時のカテゴリー選びも迷いません。しかし、そうでない場合は、**同じような商品がどのカテゴリーに出品されていて、どのカテゴリーでより多く売れているかをリサーチしましょう。出品カテゴリーを変えるだけで、あっさりと売れることも**あります。

適切なカテゴリーのリサーチの方法は次の通りです。まず、出品商品をキーワード検索で探す場合に使うであろうキーワードで商品検索してみます。さらに、「絞り込み」▶「販売状況」▶「売り切れ」で売れた商品だけに絞り込み、検索結果にヒットした商品のカテゴリーを１つずつチェックしていきましょう。

Point

◆キーワード検索しない人に買ってもらうには「カテゴリー」選びが重要

◆カテゴリー選びに迷ったら、キーワード検索をして、同じような商品がどのカテゴリーで売れているかをリサーチしよう

カテゴリー選択例：レスポートサックとディズニーのコラボ商品

例えば、レスポートサックとディズニーのコラボ商品のケースを考えてみましょう。「レスポートサック」と「ディズニー」と2つのブランドカテゴリーがあり、どちらのカテゴリーで出品するべきか迷いますね。

出品時に設定できるのは1つのブランドだけです。もちろん、商品説明文には両方のブランド名を入れることで、キーワード検索する人には対応できます。**より多くの人の目にとまるブランド**を選びたいところです。

筆者はこのケースで、次のような仮説を立てました。ディズニーファンのほうが裾野が広いのではないか、という仮説です。

「ディズニー×レスポートサック」コラボ商品の場合

- **ディズニーファン**
  気に入ったデザインのディズニーキャラクターグッズなら、商品のカテゴリーを問わず揃えたい傾向にある

- **レスポートサック好きな人**
  レスポートサックの機能性に魅力を感じている。ディズニー好きとは限らない

必ずしもこの仮説が正しいとは限りませんが、まずはこの仮説をもとにカテゴリーを選択して出品してみましょう。

《 ブランドカテゴリーから探す

「ディズニー」

「レスポートサック」

Point

◆ コラボ商品等を出品するときは、より裾野が広いブランドのほうで出品する

カテゴリー選択例：ハーレーダビッドソンのジャケット

ハーレーダビッドソンのジャケットを出品する場合の、カテゴリーの選び方を考えてみましょう。まず、ハーレーダビッドソンのジャケット出品を検索し、登録カテゴリーを調べてみます。すると、主に次の3つのカテゴリーに出品されていることがわかりました。

「ハーレーダビッドソンのジャケット」が出品されているカテゴリー
（色文字が出品カテゴリー）

- メンズ＞ジャケット/アウター＞レザージャケット
- メンズ＞ジャケット/アウター＞ライダーズジャケット
- 自動車・オートバイ＞オートバイアクセサリー＞バイクウエア/装備

そのうち、最も売り切れ商品が多いのが「メンズ＞ジャケット/アウター＞ライダーズジャケット」カテゴリーに出品されている商品でした。次が「自動車・オートバイ＞オートバイアクセサリー＞バイクウエア/装備」で、「メンズ＞ジャケット/アウター＞レザージャケット」に出品されている商品は、売れ行きがよくありませんでした。

この調査をした季節は夏です。夏にレザージャケットを探している人は、冬ほど多くありません。一方、ライダーズジャケットは一年中需要があります。また、ハーレーダビッドソンはライダーに人気のブランドなので「ライダーズジャケット」カテゴリーでは興味を示す人が多いですが、「レザージャケット」カテゴリーでは他の人気ブランドに埋もれてしまいます。

「ライダーズジャケット」カテゴリーで出品するか、ものによっては「バイクウエア/装備」カテゴリーで出品するのがいいでしょう。

- 「メンズ>ジャケット/アウター>レザージャケット」
  男性用のレザージャケットを探している人 ➡ 夏は少なめ
- 「メンズ>ジャケット/アウター>ライダースジャケット」
  男性用のライダースジャケットを探している人 ➡ 一年中ニーズがある
- 「自動車・オートバイ>オートバイアクセサリー>バイクウエア/装備」
  バイクウエアを探している人。ジャケットが欲しいとは限らない。目にとまったらジャケットを買う可能性はある

《 「ハーレーダビッドソン ジャケット」が出品されているカテゴリー

「レザージャケット」　「ライダースジャケット」　「バイクウエア/装備」

Point

- 「ハーレーダビッドソンのジャケット」は、ライダーにとっては特別な存在だが、レザージャケットの中では他に埋没する（という仮説）

10

なかなか売れない商品を売れる商品に変えるテクニック

商品の見せ方を変え、異なるカテゴリーに出品する

　出品したものの売れない、ということで、**元の使い方とは違う異なる使い方を提案**し、商品を変身させる方法を紹介します。「**海で拾ってきた貝殻や砂をガラスの容器に詰めたもの**」を「インテリア・住まい・小物」>「**インテリア小物**」カテゴリーに出品したものの、売れなかったとします。

　貝殻だけにして、サイズごとに並べてわかりやすくして、**ハンドメイド用の素材**として「ハンドメイド>素材/材料」カテゴリーへ出品しなおすのはいかがでしょうか。素材のサイズ感などが明確になり、「どう使えるか」がつかみやすいため、売れる可能性が高まるかもしれません。

《 商品の魅せ方を変えてカテゴリー変更

インテリア・住まい・小物>インテリア小物

ハンドメイド>素材/材料

貝殻だけにしてサイズごと
並べてわかりやすくします

Point

◆ 売れない商品を、別の使い方を提案して別カテゴリーで出品する

10-3 再出品テクニック ― (2) 出品タイミングの見直し

出品のゴールデンタイムは21時以降

メルカリでユーザーの利用が多い時間帯は21時以降と言われています。仕事や家事を終えて、ゆったりとスマホを見ている人が多い時間です。

出品のタイミングは、利用者が多い時間帯がベストです。しかし、**利用者が多い時間帯は出品も増えます**。毎日たくさんの商品が出品されているため、古い商品は新しく出品された商品にすぐに埋もれてしまいます。

商品が売れない場合は、出品するタイミングも見直してみましょう。出品商品の購買層の生活習慣に合わせたタイミングに出品することで売れやすくなることがあります。

> ### Point
> ◆ 利用者が多い時間帯は、出品も多く埋もれやすい

購買者(ターゲット)をイメージして出品タイミングを探る

メルカリでは**出品直後が最もユーザーの目に触れやすい**ので、最適なタイミングを見計らって出品します。その際、**出品商品の購買者(ターゲット)像をイメージ**しましょう。

まず、普段スマホを見ているのはどのようなときでしょうか。

- 家事や仕事が一段落した時間
- 通勤通学など移動時間や待ち時間
- ネットサーフィンをしている時間

あなたの商品を買ってくれるターゲットはどのような人か、そしてその人たちがどの時間帯にスマホを見ているかを考えてみましょう。いくつか類例を挙げます。

出品商品の購入者像をイメージする

- **おもちゃ・子供服・マタニティグッズ**
  ターゲットは「ママ」。昼間家にいる可能性が高い
- **ビジネスアイテム**
  ターゲットは「ビジネスマン」や「ビジネスウーマン」。帰宅後の22時以降が
  ゆっくりスマホを見る時間帯
- **マニアックなゲームや漫画本**
  夜更ししそうな人たち

《 売れやすい時間帯

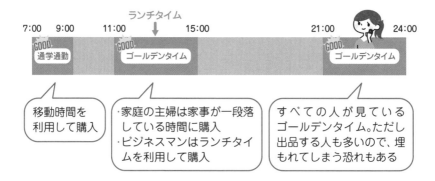

このようなことを考慮して、出品商品に最適なタイミングを計りましょう。

Point

◆ ターゲットのライフスタイルに合わせた、最適な曜日、時間がいつかを
意識して出品しよう

売れやすい「曜日」

　メルカリで売れやすい曜日というのはあるのでしょうか。これも、購入ター
ゲットによって変わってきます。筆者の経験から、売れやすい曜日について解
説します。

　筆者のお勧めの出品曜日は、**平日であれば火曜日、水曜日、木曜日。週末は**

日曜の夕方以降です。

- 平日

　月曜日は週のはじめで、週末溜め込んだ仕事や家事に忙しく、メルカリを利用する時間的余裕がない人が多い印象を受けます。一方で**金曜日**も、週末で遊びに出かけている人が多いためか、メルカリから離れがちな印象です。そのため、**月・金を外した火〜木の出品がお勧め**です。

- 週末

　週末は時間的に余裕がある人が多いので、メルカリで売れやすいのではと考える人が多いでしょう。

　しかし、**実際は遊びに出かけている人が多く**、また買い物でも**メルカリではなく「実店舗」に出かけている人が多い**ため、予想に反して売れないこともあります。

　週末でお勧めなのは日曜日の夕方以降です。週明けに備えて自宅でゆっくりしている人が多い時間帯です。週末しか出品する時間が取れない人は、この時間帯を狙って出品してみてください。

　また、**なかなか売れない商品はこの時間帯を狙って値下げ**し、「週末タイムセール中」「週末SALE」などと「商品タイトル」でアピールして売り切ってしまうのもお勧めです。

《 売れやすい曜日

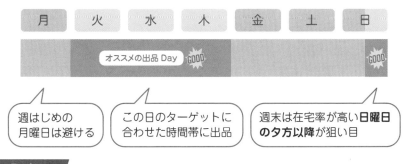

Point

◆平日は週はじめと週末を避ける。週末は日曜日の夕方が狙い目

売れやすいシーズン・時期

● 高額商品の場合

　1万円以上の高額な商品を売る場合は、出品アイテムにもよりますが、一般的な**給料日である25日からの1週間が狙い目**です。**給料日が含まれる週は普段より少し高めでも売れます**。特に、決まった金額の小遣いでやり繰りしている人をターゲットにした商品は、この時期がお勧めです。また、**毎月1日はキャリア決済の上限金額がリセットされるので高額商品が売れやすい日です**。

● 季節モノ商品の場合

　季節モノの場合は、そのシーズンより少し早めに出品を始めます。梅雨ものなら5月の終わりくらいから、冬物なら10月終わりくらいから、といった具合です。実店舗をウィンドウショッピングすると実感しますが、どの店もシーズン先取りで次の季節の商品を販売しています。

　よく、衣替えのついでにシーズンオフの商品を出品している人を見かけます。「不要なものを片付ける手間を省いてさっさと手放したい」という気持ちはわかりますが、購入者の立場で考えたらどうでしょうか。真夏にマフラーを欲しい人がどれだけいるでしょうか。**自分が買う立場だったら「今欲しいかどうか」を想像して出品のタイミングを考えましょう**。

Point

◆ 給料日の週は高額商品出品が狙い目
◆ 季節モノの商品は、使うシーズンに合わせたタイミングで出品する

季節のイベントや旬に合わせた「セール販売」を意識する

季節やトレンドは売れ行きに大きく影響する

前節でも述べましたが、**購入者にとってそれが「今必要なモノかどうか」を常に意識して出品する**ようにしましょう。少しでも高く売りたいなら、**需要が一番あるタイミング**を見計らった出品（**セール販売**）をしてください。そのためには、常に季節やシーズン、テレビや雑誌などのメディアで取り上げられるタイミングを意識しましょう。

特にテレビの影響はとても大きく、そのタイミングに合わせて出品すると商品を売りやすくなります。

テレビの影響を受けて売れるモノの例

- **「オリンピック」放送で盛り上がっている時期**
  運動したい熱が高まるタイミングなので「スポーツグッズ全般」や「人気選手が使用しているブランドのウェアやシューズ」など

- **「人気シリーズ映画の最新作」が公開されるタイミング**
  「過去作品のパンフレット」「キャラクターフィギュア」「出演俳優が身につけているものと同じモノ」など

- **「夏のレジャー特番」が放送されている時**
  「BBQ用品」「アウトドアグッズ」「カー用品」など

- **○○ダイエットがTVで取り上げられて流行っている**
  ダイエット関連グッズ。そのダイエット法が「スムージー」のように調理器具が必要なものであれば「ジューサー」や「レシピ本」など

Point

◆ ニュースやテレビ特番は、「関連商品は何か」を意識して観ると今何が売れるかがわかる

季節のイベントとよく売れる商品例

季節イベントで売れるものは、少し前倒しの時期に需要が高まります。 行事やイベントの少し前に出品するように意識しましょう。以下に、季節のイベント例を紹介します。

《 季節イベントの年間スケジュール

1月	お正月・冬休み	冬物衣類・冬物小物・バレンタイン向きギフト
2月	バレンタインデー 節分	入園・入学・卒業・入社式などセレモニー用の服 ホワイトデーグッズ　春物の服・小物 入園・入学グッズ（手作り巾着/名前シールなど）・着物
3月	ひな祭り・卒業式・ 引っ越し・ホワイトデー	一人暮らし用グッズ・キッチングッズ・新生活用品 家具・家電 入園・入学・入社などのお祝い品
4月	入園入学式・入社・ 新学期・新生活・衣替え	母の日ギフト・遠足用品（リュックサック・お弁当箱） 電子手帳・学習参考書・大学の授業で使う教科書（新品で揃えると高いので、新学期開始と同時に、メルカリで物色する人多数）
5月	GW・こどもの日・ 母の日・春の運動会・遠足	雨具・折りたたみ傘・日焼け止めアイテム・コスメ　夏物衣料 結婚式グッズ（ジューンブライドの結婚式シーズンに向けて）
6月	梅雨 結婚式	アウトドアグッズ　水着・ダイエットグッズ 夏レジャーグッズ（キャンプ用品など）
7月	海開き・プール・花火大会・ 夏休み・旅行・お中元	旅行グッズ・水着・海グッズ・浴衣・甚平
8月	夏休み・夏祭り・花火大会・ 旅行・レジャー	秋物衣料・夏休みの工作用素材
9月	運動会・衣替え	秋物衣料・秋のレジャー用品・運動会グッズ（撮影用カメラなど）
10月	運動会・遠足・衣替え	ハロウィングッズ・七五三グッズ
11月	七五三・ハロウィン	冬物衣料・クリスマスグッズ・冬のレジャー用品（スキー・スノボなど）・パーティードレス
12月	クリスマス・冬休み・ 年末・お歳暮	手帳・カレンダー・お正月用品・おもちゃ

Point

◆ 常に旬を意識し「少しだけ季節を先取り」して出品するのがコツ

10-5 「まとめ売り」で お得感を演出して在庫一掃しよう!

まとめ売りのコツ

　なかなか売れなかったものは、**「まとめ売り」でお得感を演出**してみましょう。まとめ売りであれば、多くの商品を1回の手間と配送料で販売できます。**送料を抑えられる分価格を下げられる**ため、在庫を一掃も期待できます。

　ただし、売れ残り品を闇雲にまとめて値下げしても売れません。値段的にお得といっても、全く使わないものを同梱されても購入側で考えれば嬉しくないですよね。

　まとめ売りのコツは、ジャンルやテイストを揃えることです。できるだけ関連性のある商品をまとめるようにします。同じカテゴリーの商品、同じブランドのもの、共通のキャラクターグッズ、同じサイズの子供服、同じテイストのもの……などをまとめて売ってみましょう。

　例えば、同じカテゴリーの商品をまとめ売りする例を挙げます。

　成長が早く、すぐに着られなくなる子供服は、まとめ買いする人も多く、メルカリでも人気のジャンルです。「女の子用の80サイズの夏用の子供服」のように、サイズと性別を揃えてまとめて出品してみましょう。

　なお、婦人服は好みが分かれるので、まとめ売りには適しません。

《 「子供服 女の子 80 まとめ売り」の検索結果

Point

◆ 売れない商品は、関連性のある商品をまとめ売りしてお得感を演出

10

なかなか売れない商品を売れる商品に変えるテクニック

- キャラクターグッズやアイドルグッズなどのコレクターズアイテム

　キャラクターグッズやアイドルグッズなど、**コレクターズアイテムは、カテゴリーが違う商品をまとめて出品しても、需要が見込めます。**

《 「ハローキティ まとめ売り」の検索結果

- DVD ／ CD ／本

　DVDやCD、書籍などの場合、同じアーティストのCDや同じ俳優のDVDをまとめて販売するパターンをよく見かけますが、**テイストが同じものをまとめるのも有効**です。例えば「未就園児向け絵本」「洋画ラブロマンスのDVD」といった具合です。

　まとめ売りする商品説明文に、すべてのアイテムのタイトルを記載します。どれか1つの検索キーワードで商品を見た人がまとめて買ってくれることもあります。

　なお、最初はまとめ売りで出品して、バラ売り対応も行う場合、一部商品が売れたら、新たに写真を撮影するのではなく、売れた商品画像に「×」をつけるなどして手間を省くことをお勧めします。

《 「洋画ラブロマンスのDVD」

《 一部売り切れ

● まとめ売りの注意点

まとめ売りをする場合は、それぞれの商品状態をきちんと記載しましょう。また、**商品説明文に1点ずつ商品名を記載する**と、検索されやすくなります。

> **Point**
>
> ◆ CDやDVDなどは、アーティスト別でまとめる方法のほか、同じテイストの作品などでまとめる方法もある
> ◆ まとめ売りの際は、商品説明文に全点の商品名を記載する

ばら売りとまとめ売りを比較する

1枚500円のDVD20枚をばら売りする場合、送料195円のらくらくメルカリ便（ネコポス）を利用すると、195円×20=3,900円の配送料がかかります。

20枚をまとめて売る場合には、らくらくメルカリ便（宅急便60サイズ）利用で、配送料は700円です。

まとめ売りと、ばら売りの配送料の差額は3,200円、手間は1/20です。**送料の差額分を価格に反映することができれば、購入者にとってもメリットがあり、売りやすくなります。**

> **Point**
>
> ◆ まとめ売りは送料を節約できる上に、手間も少なくなる。その分を価格に反映すれば、購入者にもメリットが多い

メルカリやメルペイを利用してWebで買ったもの、いくらで売れる？

メルカリで買った商品や、「メルペイ」決済に対応した一部のECサイトで購入した商品が、出品ページに表示されるようになりました。

商品サムネイルの隣にある「出品する」ボタンをタップすると、簡単に出品できます。また、メルカリでの類似商品の取引実績から、参考販売価格も表示され「いくら位で売れるか」もわかり、大変便利です。この金額は購入時の価格ではなく、現在の「相場で売れやすい価格」です。「メルカリで買い、使わなくなったモノをまたメルカリで売る」どんどん循環していくエコなシステムですね。

現在所有している物を全部売ったらどのくらいの金額になるのか、と「仮想資産」がひと目でわかり、地味に嬉しい機能です。取らぬ狸の皮算用ではありますが、出品のモチベーションになりそうですね。

頻繁にメルカリで買い物をする人は、是非チェックしましょう。ひょっとすると、買ったことすら忘れている商品があるかもしれません。筆者はありました (笑)。売ることを前提にメルカリで商品を購入している人は、商品一覧から出品することで、相場価格のリサーチや出品カテゴリー選びなどの手間が省けてお勧めです。なお、商品写真や説明文は、購入時のデータ (つまり他者の写真や文章) を流用することはできませんので、もう一度自分で用意する必要があります。

Chapter

11

効率的に出品するための
小ワザ・裏ワザ

11-1 「下書き保存」を活用して 出品効率をアップする

たくさんの商品を効率よく出品するには

一度に商品をたくさん出品したいとき、1点1点写真撮影をして、商品説明文を考えて……と手順を繰り返すと、時間がかかってしまい大変です。

そこでお勧めするのは、**出品する商品すべての写真を先に撮ってしまう方法**です。一度に全商品の写真を撮ってしまえば、撮影の準備も一度で済みます。

写真撮影、商品説明文を考える、という風に工程を分けたほうが、効率よく作業できます。まとめてスマホで写真撮影して、先にメルカリの出品画面に登録して**下書きに保存**し、時間があるときに、ゆっくり商品説明文を考えることができます。

保存した下書きを再度編集するには、画面下部の「出品」をタップして表示される画面から「下書き一覧」をタップすると、保存した下書きが一覧表示されます。編集する商品の下書きをタップして作業を再開します。

≪ 下書きに保存

「下書き保存」はタイミングよく出品するのにも有効

Chapter 10で解説しましたが、商品を効率よく高く売るためには、出品商品のターゲットの行動にタイミングを合わせて出品するのが効果的です。タイミングよく出品する場合にも、下書き保存が役に立ちます。

写真撮影や商品説明文の記述など、出品作業をすべて終わらせ、あとは出品するだけという状態で下書き保存します。タイミングを見計らって売れやすい時間帯に下書き保存の商品を出品すれば、無理なく出品することができます。

《 下書きから出品する

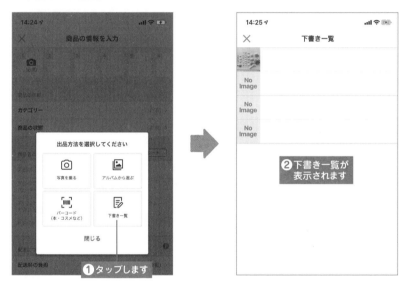

Point

◆ 下書き保存を活用して、ターゲットのライフスタイルに合わせたタイミングで出品する

11-2 パソコンで出品したい

パソコンでログインするのはスマホと同じアカウント

メルカリはひとり1アカウントが基本です。パソコン、スマホ用とアカウントを分けることはできません。ひとりで複数アカウントを作成するのは規約違反です。**スマホで作成したアカウントでパソコンでもログインできます。**

なお、アカウント作成はパソコンでも可能です。作成したアカウントはスマホ・パソコンどちらからでもログインできます。

《 メルカリのパソコン用サイト (https://www.mercari.com/jp/)

Point

◆ スマホとパソコンどちらも同じアカウントでログインできる

パソコンで出品作業をするコツ

パソコンに慣れている人であれば、スマホよりも効率よく出品できます。筆者も、スマホでの文字入力に時間がかかるので、基本的にパソコンで出品作業を行っています。

パソコンで効率よく出品するコツは、パソコンとスマホで作業を分担することです。写真撮影と登録は圧倒的にスマホで行うのが簡単です。そのため、まずスマホで撮影した写真をメルカリにアップロードして下書き保存します。ここまでスマホで作業します。その後、パソコンでログインして商品説明文などを入力します。

商品写真をパソコンに保存している場合は、最初からパソコンで作業したほうが効率的です。写真は、パソコンのファイル操作ソフト（WindowsのエクスプローラーやMacのファインダー）から、ドラッグ＆ドロップで簡単にメルカリにアップロードできます。

Point

◆ スマホで撮影して下書き保存し、パソコンで商品説明文を入力する

パソコン出品では「ゆうゆうメルカリ便」を選べない

パソコン出品で注意することがあります。パソコン出品では、配送方法に「ゆうゆうメルカリ便」を選択できません（記事執筆時点）。「ゆうゆうメルカリ便」を使いたい場合は、一旦「らくらくメルカリ便」を選んで出品し、スマホで配送方法を「ゆうゆうメルカリ便」に変更すれば可能です。

逆に、スマホで出品した商品をパソコンで編集した際に「ゆうゆうメルカリ便」を選んでいたら、スマホでの作業を促すメッセージが表示されます。

《 パソコンでの出品では、ゆうゆうメルカリ便を選択できない

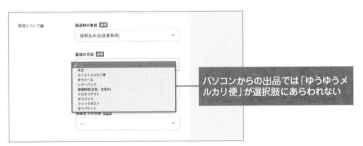

Point

◆ パソコン出品では「ゆうゆうメルカリ便」を選択できない

199

11-3 オリジナルの商品説明文を テンプレート保存

テンプレートを呼び出して商品説明文に転写する
✤✤

メルカリには、あらかじめいくつかの**商品説明文のテンプレート**が用意されています。その説明文を転写して必要な情報を付け加えて出品することができます。

「商品名と説明」の右側の「テンプレート」ボタンをタップすると、あらかじめ用意されている商品説明のテンプレート文が表示されます。各テンプレートの内容を確認して、利用しやすい内容のものを使いましょう。

オリジナルのテンプレートを作成して登録することができます。よく出品する商品のテンプレートや、すべての商品に共通の「定型文」「挨拶文」なども登録しておくと便利です。

Point

◆オリジナルのテンプレートを保存しておけば、商品説明文をいちから入力する手間が省ける

≪ テンプレートを使用する

≪ テンプレートの新規作成

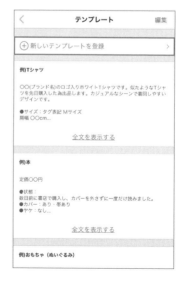

複数のテンプレートを組み合わせて利用する

テンプレートは、複数組み合わせることも可能です。商品出品の際に、商品説明文に文章が入力されている状態、またはテンプレートの文章が転写されている状態で新たにテンプレートを選ぶと、「上書き」「追記」のどちらにするか選ぶ画面が表示されます。複数のテンプレートを組み合わせる場合は、「追記」を選択します。

《 テンプレートを「上書き」するか「追記」するか選択する

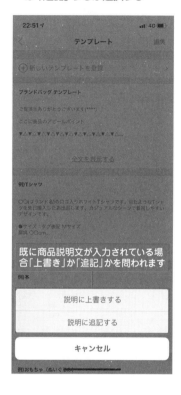

既に商品説明文が入力されている場合「上書き」か「追記」かを問われます

Point

◆テンプレートは複数組み合わせて使うこともできる

11-4 同じ商品を継続して出品する場合のテクニック

過去の値下げ履歴はチェックされている

　メルカリでは、販売後2週間経過しないと商品を削除できません。**2週間は販売履歴が残るため、同じような商品を続けて出品する場合、過去の販売価格より高い値段で販売することが難しくなります。**

　例えば3,000円で販売している商品を、値下げ交渉に応じて2,500円で販売したとします。同様の商品を再び出品した場合、次の購入希望者の値下げ要求を断りにくくなります。**いったん値下げ交渉に応じると、その後はその価格が販売の基準価格になってしまうので、**繰り返し同じ商品を出品する予定のある人は、価格交渉には慎重に対応しましょう。

　逆に、同じ価格でずっと販売している場合は、販売履歴を示して「皆さんにこの金額でご購入いただいております。ご理解の程よろしくお願い致します」と値下げ交渉を断ることができます。

> **Point**
> ◆同じ商品を継続して販売する場合、値下げ交渉には慎重に対応する

値下げに応じる場合は「専用出品」にして商品画像を変える

　常連さんや複数購入で特別対応したい場合や、**値下げ交渉に応じる場合は、**他の人に気付かれないように、**商品画像を変更して専用出品にしてしまい**ましょう。

　タイトルを「○○様専用」として、商品説明文も当事者だけがわかるシンプルな内容に変更します。ただし、この方法は「新品」を出品する場合に限定してください。**中古品の場合、キズや汚れの具合がわからなくなり、後々トラブルに発展する恐れがあります。**

《 専用出品の画像に変更した例

貝殻セット（100g）

通常の出品画像　　　　　　　　　　何の商品かわからない画像へ変更

Point

◆ 値下げに応じる場合は、画像をかえて専用出品にする

11-5 見やすいショップを作る

まとめ買いを狙うなら、同じような商品は同タイミングに出品する

　ユーザーのプロフィール画面を表示した際、その人が出品している（あるいは過去に出品した）商品が、直近の出品順に横1列に3つずつ並んで表示されます。この並び順は、出品者は変更できません。

　ある商品を見た人が、「この出品者は他にどんな商品を販売しているのか」と**プロフィールをチェックした際に、同じような商品や近いカテゴリーの商品がまとまっていると、「ついで買い」してもらえるかもしれません。**

　「不用品だけを思い立ったら出品」「まとめ買いしてもらうような商品はない」という場合は特に意識する必要はありませんが、**メルカリのアカウントを「ショップ」として考えているのなら、ぜひ商品の並びには気を配って出品してください。**

　出品商品を見やすくするコツは、**同じカテゴリー（ジャンル）の商品を3の倍数で出品するのが理想**です（横一列にきれいに並ぶため）。3の倍数に揃えるのが難しい場合でも、同じカテゴリー（ジャンル）やシーズンものの商品などを、まとめて同時期に出品するように心がけてください。

《 カテゴリーやシーズンものはまとめて出品すると、ついで買いが期待できる

カテゴリーでまとめる場合	シーズン／季節でまとめる
おもちゃカテゴリー アクセサリーカテゴリー 同じブランドのカテゴリー DVDのシリーズもの	BBQ/キャンプ用品すべて ハロウィーングッズ 冬物子供服まとめて

《 見やすいショップと見にくいショップ

| 見やすいショップ | 見にくいショップ |

カテゴリーがまとまっている

ジャンルがバラバラな品揃え

Point

◆ 同ジャンル、同カテゴリーの商品を同時期に出品して見やすいショップ
  を心がけよう

不用品と専門ショップの商品の販売時期を分ける

　メルカリはひとり1アカウントが基本なので、不用品の販売アカウント、商
品の販売アカウントと分けることができません。

　例えば「手作りジュエリーのお店」として運用しているのに、ジュエリーの
隣に中古の不用品が陳列されていると、見た目があまり良くなく購買欲を削

ぐ原因にもなります。

　不用品も出品する場合は、不用品を同時期に出品して、ひとかたまりに見えるようにしましょう。販売期間を例えば2週間などと決めて、期限になったら不用品は「出品を一時停止」して見えなくするなどといった、ショップのイメージを保つ工夫をしてみてください。

> **Point**
>
> ◆ ショップをしつつ不用品を出品する場合は、期間を決めてひとまとめに出品する

メルカリを本格的に専門ショップとして利用したい場合

　出品者の生活が垣間見える不用品の販売と、専門店の両立は難しいものです。ショップの世界観を作ってイメージを保つため、**不用品を売るのは諦めて専門店にすることをお勧めします。**

　商品購入ターゲットを絞って、「プロフィール写真」「ニックネーム」「プロフィール文章」などを、ターゲットの人たちが好みそうなイメージのショップ作りに励みましょう。

> **Point**
>
> ◆ メルカリで専門店を目指すなら、不用品は販売しない決断も必要

Chapter
12

捨てる前にチェック！
メルカリで売れる様々なもの

12-1 部屋の中は宝の山、 捨てる前にリサーチしよう

「こんなものを使う人はいないよね」と判断する前に

メルカリをリサーチしていると、「こんなものまで売れるの？」と驚くことがよくあります。価値観は人それぞれです。自分では捨てるしかないと思っているものも、どこかで必要としている人がいるかも知れません。

例えば、メルカリの定番人気商品の1つに「**使いかけの化粧品（コスメ）**」があります。人によっては「見ず知らずの人の肌に触れた化粧品なんてとんでもない！」と信じがたいかもしれませんが、なかなかの売れ筋アイテムです。**特にブランド品の場合は、出品した瞬間に売れることもざらです。**

コスメ商品は、バーコードを読み込むだけで手間なく簡単に出品できるようになりました。こういった部分にも、メルカリでのコスメ商品の人気の高さがうかがえます。

> **Point**
> ◆ メルカリでは自分が想像していないような物も売れている

壊れたモノでも「メルカリで売る」選択肢が

壊れたパソコンも売れ筋商品の1つです。筆者は先日、壊れたノートパソコンを5,000円で出品したのですが、出品後1分も経たないうちに売れました。あまりの早さに驚くと同時に、「もう少し高くしても良かったのかも……」と値段設定を少々後悔しました。筆者にとっては「使えなくなった価値のないモノ」でも、購入者にとっては「部品が使える」「まだ修理して使える」と「価値のあるモノ」なのです。

このように「**壊れている**」「**リサイクルショップでは引き取ってくれない**」**ものでも、メルカリで人気商品になる**ことはよくあります。従来では「もう捨てるしかない」と諦めていたモノにも、「**メルカリで売る**」という選択肢が増えま

した。

　使わないもの、いらないものは、処分する前にメルカリでリサーチしましょう。「こんなもの買う人なんていない」と決めつけず、市場に聞いてみましょう。想定外に高額で取引されていることもあります。逆に、売れると期待していたけれど、需要がなかったという場合もあります。

　ただし、**「メルカリで売れるかも」と何でも溜め込んでしまう人は要注意**です。メルカリをあてにして家が片付かないというのは本末転倒なので、例えば「ひと月経っても売れなければ処分する」といった具合にルールを設けることをお勧めします。

《 不要品の処分フロー

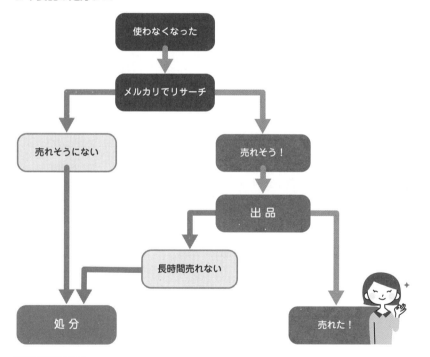

> **Point**
>
> ◆ 処分する前にメルカリでリサーチする習慣を持とう♪
> ◆ メルカリで売れるかどうかは、自己判断しないで必ずリサーチする

化粧品サンプルや使いかけの デパコスは定番人気商品

サンプル品は旅行用に需要がある

化粧品購入時に付属したサンプル品、ドラッグストアでもらった試供品、ホテルのアメニティなどは、メルカリの人気定番商品です。

普段決まった基礎化粧品を使っている人は、試供品をもらっても試してみることは少ないのではないでしょうか。筆者もそのうちの1人です。とはいえ、使えるものを捨てるのには何となく罪悪感を抱くため、気がついたらサンプル品がどんどん溜まっているという人も多いのでは。

溜まった化粧品サンプルやシャンプー、リンスなどを「トラベルセット」としてまとめて出品してしまいましょう。

1回使い切りの化粧品サンプルは、旅行用として需要があります。いちいち小分けする必要もなく便利ですね。

« 「サンプル化粧品・未使用品・売り切れ」の検索結果

Point

◆ 化粧品サンプルは、まとめてトラベルセットとしての需要がある

使いかけデパコスは売れ筋商品

使いかけの高級コスメ用品は、新品より手が届きやすい価格で出品されているため人気があります。

- 使ってみたいけれど、新品は高くて手が届かない
- 試しに使ってみたいので新品じゃなくてもいい

特に、通称「**デパコス**（デパートコスメ）」と呼ばれている、デパート（百貨店）のコスメカウンターで売られている化粧品は、近隣にデパートがない地域の人が手に入れる手段としてもメルカリを利用しています。

有名ブランドのコスメは人気も高く、モノによっては**使い切った後のケースが売れることも**あります。

《 デパートコスメ、ブランドコスメ

Point

◆ 使いかけ高級コスメは、試してみたい人などに人気がある

カウンセリング化粧品

デパコスと重複するものが多いかもしれませんが、**カウンセリング化粧品**とは、デパートや化粧品専門カウンターなどで、カウンセラーと相談しながら購入する化粧品です。カウンセリング化粧品に対して、ドラッグストアなどで自分で購入する化粧品のことを「**セルフ化粧品**」と呼ぶこともあります。**カウンセリング化粧品も、メルカリの定番人気商品**の1つです。

- 店舗でカウンセリングを受けないと買うことができない
- 購入した後のセールスが頻繁
- サンプル品を頼んだら何度も電話がかかってくる

商品を試してみたいけれど、美容員とコミュニケーションをとらないといけないとか、後のセールスに煩わしさを感じるような人が、メルカリでカウンセリング化粧品を求めているようです。

Point

◆カウンセリング化粧品も人気商品の1つ

使いかけコスメを売れやすくするコツ

「使いかけでも売れる」とは言っても、「できるだけ良い状態のものが欲しい」というのは購入希望者の共通の要望です。特に、**肌につけるものなので「清潔なものが欲しい」というのは当たり前**でしょう。中古品でも、できるだけ清潔に整えて商品価値を上げましょう。

具体的には、次のような処置を施します。

- ミラーの汚れや曇りを取る
- パウダーまわりのこびりついた汚れは取る
- 化粧品のパフやチップの汚れがひどい場合は交換する
- 口紅は斜めにカットする

パフやチップは、ダイソーなどの100円ショップで売っています。メーカー公式のものでなくても、新品に交換済みという気遣いは好感度が高いです。

Point

◆使いかけのコスメは、汚れを取ったりパーツ交換したりして、清潔感をアピール

12-3 参考書や専門書、合格した赤本は特に人気

参考書はまとめ買い需要がある

使わなくなった古い参考書も、メルカリで売れます。**とにかく数をこなしたい、いろんな参考書を比べたい人**にとって、メルカリで安く手に入るのはとてもありがたいことです。

右図は「参考書」と検索したときの複合キーワードです。「**まとめ売り**」というキーワードが候補に上がっていることからも、数を重視している人がいることが伺えます。

《「参考書」の複合キーワード

参考書	
参考書 大学受験	>
参考書 大学受験 本・音楽・ゲーム・参考書	>
参考書 大学受験 本・音楽・ゲーム	>
参考書 中学	>
参考書 高校受験	>
参考書 まとめ売り	>
参考書 小学生	>
参考書 高校	>
参考書 大学受験 まとめ売り	>
参考書 大学受験 英語	>

Point
◆ 参考書には「まとめ売り」需要がある

縁起の良い赤本・古い赤本

人気のある大学は、メルカリでの**赤本**（大学・学部別の大学入試過去問題集）の相場も高いようです。**赤本は古い年代のものでも売れます**。書店では直近のものしか販売されていませんが、志望大学の過去問を徹底的にこなしたい人にとって、古い過去問題集はありがたい存在です。

晴れて進学が決まって、商品説明文に「**○○大学に合格しました**」と「**受験に合格した演技の良い本**」をアピールしている出品者もいます。

Point
◆ 赤本は古い年代のモノでも売れる

《 「赤本」の検索結果で「売り切れ」で絞り込んだ（左）のと、古い年代の赤本を検索した結果（右）

大学で使う専門書

✲✲

大学の授業で使う専門書は、高額な本が多いです。新品を揃えると、教科書代だけで毎年数万円かかり、学生にとっては痛い出費です。

メルカリでは、状態の良い中古の教科書が多数出品されています。年間を通して出品されていますが、やはり**売れやすい時期は新学期が始まる4月**です。

《 大学で使う専門書

Point

◆ 大学の専門書は、春に出品するのが狙い目！

12-4 酒の空き瓶も高値で取引

「空瓶」も売れる

メルカリで、「空瓶」でキーワード検索してみましょう。すると「香水」、「ウィスキー」、「ワイン」、「ジャム」、「山崎」「響」（いずれもウィスキーの銘柄）などが複合キーワードの候補として表示されます。

このように、メルカリでは**飲み終わった酒や使い終わった香水などの空瓶（空きボトル）も需要がある**ことがわかります（化粧品の空きボトルは次節で解説します）。

≪ 空瓶の検索結果

> **Point**
> ◆飲み干したお酒の瓶も売れる！

中身が高価なものほど空瓶も高価で取引されている

空瓶の中でも、特に人気なのが**ウィスキーとワインのボトル**です。中身が入っていないにもかかわらず、数万円、中には数十万円で取引されているものもあります。これは一部のコレクターに人気なだけでなく、**バーなどの飲食店で飾りとして需要がある**そうです。

特に、**高価なお酒は空瓶も高値**で取引される傾向にあります。

> **Point**
> ◆中身が高価なものは、瓶も高値で取引されることも！

12-5 化粧品の空きボトル・使い切ったブランドコスメ

「容器がかわいい」あるいは「パーツが利用できる」と売れる

使い切った化粧品や空きボトルも売れる場合があります。売れるかどうかの決め手は、主に右のような理由です。

- ケースやボトルのデザイン性が高い
- 詰め替えて使えそうなもの
- パーツにばらして利用できる

210ページで「使いかけの化粧品が売れる」と解説しましたが、残量があっても何年も前の古い化粧品は劣化していて販売には適しません。古いことを伝えずに売ってしまうと、トラブルになるケースもあります。

ケースに価値がありそうなら、中身は処分して空ボトルとして出品するのも手です。**デザイン性の高いものは、空でもインテリアとしての需要があります。**

ブランド品の空き容器の場合、例えばサンローランの口紅は、ロゴの部分を切り離してアクセサリーパーツとして利用されています。

中身が入ったまま販売する場合は、古いことをきちんと明記して販売しましょう。

» 「香水 空瓶 売り切れ」の検索結果

Point

◆ デザイン性の高い化粧品ケースやボトル、ブランド品は、中身がなくても売れる

12-6 ジャンク・壊れたもの・部品が足りないものを探している人がいる

壊れたパソコンは売れ筋

パソコンは**PCリサイクル法**により、粗大ごみとして捨てることができません。PCリサイクルマークがあるものは、無料でメーカーに引き取ってもらえますが、PCリサイクルマークがない場合はリサイクル料金（3,000円～）がかかります。

処分するのに費用がかかるパソコンですが、メルカリでは売れ筋です。「壊れているのになぜ？」と驚きますよね。筆者も壊れたノートパソコンを約5,000円で出品してみたのですが、出品後1分も経たないうちに売れました。

購入者は「分解して使える部品だけ取り出す」「壊れたパーツを取り替え、修理してまた使う」などのように再利用しているようです。家電量販店などでは、パソコン買い替え時に引き取ってくれるところもありますが、壊れている場合は無料～数百円が相場です。

壊れたパソコンは処分する前に、ダメ元でメルカリに出品してみてください。

12

捨てる前にチェック！ メルカリで売れる様々なもの

《 メルカリで売れた
筆者の壊れたパソコン

Point

◆「壊れたものは売れない」と決めつけず、捨てる前にリサーチ

パーツが揃っていないもの

新品購入時とくらべて、パーツが揃っていないものは、出品をためらうかもしれません。しかし、意外にもこれが売れることがあります。

例えば**レゴ**。スター・ウォーズシリーズなど、すべてのパーツが揃っていないと売るのが難しいのではと思いがちです。しかし、**パーツが揃っていないものでも、ジャンク品として出品したり、もしくは他のレゴとまとめ売り商品として出品すれば売れます。**

もちろん、すべてのパーツが揃っているほうが価値は高いですが、揃っていないから売れないということはありません。部品が足りない商品は、試しにジャンク品として出品してみてください。

《 レゴスターウォーズ
　ジャンクの検索結果

Point

◆「ジャンク ［商品名］」で検索すると、壊れたものや部品が足りないものが出品されているのがわかる

ジャンク品を売るコツ

壊れたモノや部品の足りないモノを売るコツは、どこに不具合があるのか、どんな部品が足りないのかを、具体的に詳しく書くことです。

故障パソコンであれば、不具合の症状を書くことで、詳しい人が見ればおおよそどこが悪いかや、どんなパーツを交換すれば動くかの見当がつきます。

部品が足りないモノを販売する場合は、何が足りないか書いておくことで、その部品がなくても大丈夫な人が安心して購入できます。

Point

◆「ジャンク品を売るコツは、不具合箇所をできるだけ詳しく書くこと

12-7 リサイクルショップでは 引き取り拒否の中古家電も

中古家電はリサイクルショップで引き取ってもらえないことが多い

炊飯器、フードプロセッサー、ホームベーカリー など**調理家電の中古品は、リサイクルショップでも引き取ってくれないことが多い**です。理由は定かではありませんが、見た目だけでは判断できない衛生面で心配があり、責任を負いたくないためだと思われます。

確実にリサイクルショップで引き取ってくれるのは、箱付きの未使用品に限定されます。また未使用品であっても買い叩かれてしまうのが現状です。

しかし、メルカリには中古の調理家電を売ってはいけないというルールはありません。**メルカリでは、キズや汚れのあるもの、状態の悪い中古家電でも売れています。**

《「傷や汚れあり 生活家電」での検索結果
（左から「炊飯器」「ホームベーカリー」「フードプロセッサー」）

12

捨てる前にチェック！ メルカリで売れる様々なもの

買ったけどほとんど使わなかった調理家電が家に眠っていませんか。筆者も CMに釣られて買ってしまったものがキッチンに眠っています。古いからと諦めないで、出品してみましょう。特に、新品で買うと値が張る上位機種の家電が人気です。

Point

◆ 状態の悪い中古の家電製品もメルカリでは取引されている

中古家電を売る際に必ず書いておきたいこと

家電製品は、新機種の販売サイクルが早く、年に数回マイナーチェンジされることもあります。外見は変わらず機能だけ追加した場合、見た目や写真だけでは製品を特定できません。

特定の商品を探している購入者は、**商品名だけでなく型番で検索**します。そのような人に商品を見つけてもらえるように、**商品説明文には必ず型番も記載しておきましょう**。購入後に「思っていたものと違った」というトラブルを防ぐためにも、型番は必要です。商品説明文に記載するだけでなく、型番がわかる写真もあったほうがより親切です。

Point

◆ 家電製品の出品は、型番は必ず記載しよう

12-8 処分に費用がかかる「粗大ごみ」がメルカリでお金になる

処分にリサイクル料金がかかる商品も売れる

　洗濯機や冷蔵庫などの**大型家電**は、粗大ごみとして廃棄できません。家電リサイクル法により、リサイクルすることが義務付けられています。しかし、処分に結構な費用がかかる**大型家電のジャンク品も、メルカリでは売れています**。全く動かないものは難しいかも知れませんが、**一部だけ壊れているものはよく見ます**。

　例えば洗濯機の場合、洗濯はできるけれど乾燥機能は使えないなど、「**一部の機能だけで十分**」「**修理して使える**」と価値を感じている人が購入しているようです。

> 《「洗濯機 ジャンク 全体的に状態が悪い」で検索した結果

Point

- ◆ メルカリではリサイクル料金がかかるような商品でも売れている
- ◆ 家電は一部の機能しか作動しなくても売れる場合がある

大型家具も「梱包・発送たのメル便」で発送可能

　家具など大きな商品もメルカリで出品されています。「**梱包・発送たのメル便**」を使えば発送の心配もいりません。梱包から設置まで宅配業者がしてくれるので安心です。ただし、大型なのでそれなりの送料がかかります。例えば押

入れダンスは5,000円、ダブルベッドで25,400円といった具合です（詳しくはChapter 8を参照）。

送料は全国一律なので、全国のメルカリユーザーをターゲットにできるのは利点です。ただし、この送料を出しても購入する価値があると受け止められる商品でないと、売るのは難しいでしょう。

低価格の家具などは、近郊の人に引き取ってもらえる**「ジモティ」**（https://jmty.jp/）などを利用されるのも手ですよ。0円〜数千円で取引されているのがほとんどですが、欲しい人が取りに来てくれるので、処分費用もかからず、運ぶ手間も省けます。大型で価値のあるものはメルカリで、そうでないものはジモティと使い分けるといいですね。

《「家具 傷や汚れあり」で検索した結果（左は「アンティーク」右は「ソファー」）

Point

◆ 家具や大型家電を発送する場合は「梱包・発送たのメル便」を利用

12-9 中古容器や焦げた鍋が本来とは異なる目的で売れる

中古容器を小物入れやミニ鉢などとして購入する人も

リサイクルショップでは、例えばウェッジウッドなどのブランド物の食器であっても、**中古食器**を引き取ってくれるところは少ないです。アンティークでコレクションとして価値があるものは別ですが、食器の場合は一般的に、新品で箱に入っているものに限定されるようです。

しかし、メルカリでは**中古のブランド品食器**はもとより、**洋菓子店「モロゾフ」のプリンカップ**や、「**峠の釜飯」の釜**まで売られています。

例えば、モロゾフのプリンカップは耐熱で丈夫なものなのですが、プリンを作るためだけではなく、小物入れ、デザートカップ、ミニ鉢、ポプリ入れ、DIYの材料としてなど、いろんな目的で買われています。再利用する人が多いため、モロゾフ公式サイトで、プリンカップのキャップまで販売されるようになったほどです。

このような商品を売る場合は、「小ぶりで透明なガラス容器です。ポプリを詰めてインテリアにしてもカワイイですよ♪」といった具合に、**商品説明文で本来の使い方以外の方法も提案してみる**といいかもしれません。

《「モロゾフ プリンカップ」の検索結果

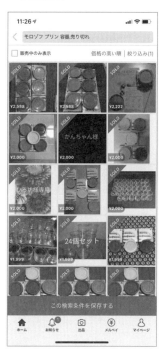

Point

◆本来と違う用途を提案することで売れる場合がある

焦げた鍋もインテリアとして

フランスのブランド「**ル・クルーゼ**」の鍋や食器は、色のバリエーションが豊富で、キッチンをパッと明るく鮮やかに彩ってくれるので人気です。ハート型や星型など、形もほかにないユニークなものがあるのが特徴です。

ル・クルーゼはメルカリでも人気のブランドです。中古どころか、**底が焦げた鍋まで取引**されています。確かに新品は高価ですが、そこまでして欲しいものなのかとちょっと驚きました。

しかし考えると、ル・クルーゼを使ってみたいけれど、まずは、中古で試してみるという人もいるでしょう。また、用途は鍋だけではありません。実際の出品者の方の説明文を拝見すると、植木鉢やインテリアとしての使い方を提案している人もいました。

Point

◆ 状態が悪いものでも、メルカリで売れているかどうか調べてみる

12-10 松ぼっくりやどんぐりなど「自然の恵み」が売れる

落ちている自然の恵みが売れることも

　メルカリのサービスが始まる以前の話です。産業がない田舎の山で、紅葉などの葉っぱを採取して都会の高級料亭などに出荷し、年間数百万も売り上げているおばあさんが話題になったことがあります。

　メルカリでも探してみると、**ハンドメイド素材**として人気のある「**松ぼっくり**」や「**どんぐり**」が売られています。秋から冬にかけてはクリスマスなどの需要も多く、人気のアイテムです。

　他に、メルカリで人気があるものに、海岸に打ち上げられる「**シーグラス**」（**ビーチグラス**）があります。ガラス片が長年かけて波で洗われて角が取れたものです。色や形によってレアなものがあるようで、結構な値段で取引されているものもあります。

　海辺で入手できるものでは、**流木**や**貝殻**が出品されていることがあります。なんと、食べた後のハマグリや牡蠣の殻まで売られています。

　なお、ただで手に入れたものがお金になるのは嬉しいことですが、どこでも何でも拾っていいわけではありません。**私有地に入って採取するのはもちろん犯罪です**。また**公共の場所でも、落ちているものを拾って持ち帰っていいかは、その場所のルールがあります**。必ずルールに従ってください。

> **Point**
> ◆ 海岸や山に落ちているものでも商品になることもある。ただし、採取時は必ずルールを守ろう

鹿の角

✿✿✿

かなりレアで入手できる人も限られていると思いますが、**鹿の角**もメルカリで売られています。雄鹿は、春先に立派な角がポロリと取れて、また新しい角が生えてきます。鹿の生息地には角が落ちているのだそうです。

以前、メルカリを始めた友人から「鹿の角が売れたんだけど、どうやって送ったらいい?」とメッセージをもらいました。筆者はてっきり、フェルトでできた鹿の角のカチューシャか何かだと思って答えたのですが、まさか本物の鹿の角だとは思いませんでした。そして、その友人が初めてメルカリで売った商品が鹿の角だったことも驚きです。

≪ 販売済みの鹿の角

鹿の角の使用用途を調べたところ、犬の歯固めとして出品されているのを数多く見かけました。あなたの周りにも、まだまだ売れるものがあるかもしれません。

Point

◆ 出品物の使用用途を書くことで、より売れやすくなる

12-11 ブランド品の紙袋やケースは「まとめ売り」しよう

「紙袋」が家で眠っていませんか

ショッピングの際にもらった**紙袋**を溜め込んでいませんか。筆者も捨てるには忍びなくてつい溜め込んでしまうのですが、結局使わずじまいでそのうち置いていたことさえ忘れてしまうこともあります。家庭に眠っている紙袋の平均量は、畳一畳分以上あるという説もあります。

きれいな紙袋は、まとめ売りで出品することをお勧めします。特に**高級なブランド品の紙袋は需要があります**。高級ブランドのものでなくても、デザインが綺麗な紙袋や、汚れていない清潔な紙袋は需要がありますので、まとめて出品してみてください。

「紙袋」とキーワード検索すると、複合キーワードの検索候補に「**紙袋　まとめ売り**」「**紙袋　大量**」というキーワードが出てきます。また「**紙袋　ブランド**」「**紙袋　ブランド　まとめ売り**」のように、ブランドものの紙袋を求めるユーザーがいるのもわかります。

《「紙袋 ブランド まとめ売り」の検索結果

Point

◆ 紙袋はまとめ売りで出品する!

12

捨てる前にチェック! メルカリで売れる様々なもの

高級ブランド品の「空箱」は高値で取引

　紙袋よりさらに需要があるのが、**ブランド品の「空箱」**です。

　購入理由は様々です。**ブランド品を出品する際は箱の有無で、価格に差がつきます。**もう必要ないと箱を捨ててしまったけれど、**出品するときに箱を揃えようとする人もいる**ようです。

　ブランド品の空箱は、まとめ売りでなく、単品で売れます。

《「ブランド 空箱」の検索結果

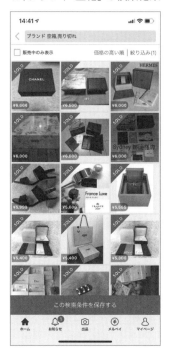

12-12 ハンドメイドなどに需要がある牛乳パックや新聞紙

牛乳パックは学校工作、椅子、使い捨てまな板など様々な用途に

牛乳パックは解体済み、未解体それぞれに用途があります。牛乳パックは、リサイクルに出すため解体して洗って干している人が多いと思いますが、**工作用に未解体 (もちろん洗浄済み) のものを求めている人がいます**。筆者も、息子たちが幼稚園の頃に牛乳パックを数百個集めて、中で過ごせるくらい大きな家を建ててあげたことを思い出しました。

取引価格を調べると、**牛乳パックは未解体のほうが高値で取引されている**ようです。とは言っても大した金額ではないので、儲けようと考えるのではなく、もし家にあれば「必要な人に譲る」くらいの気持ちで出品するといいですね。

《「牛乳パック」の複合キーワード候補 (左) と「牛乳パック」の検索結果 (右)

Point

◆ 牛乳パックはまとめ売りで、未解体のほうが高く売れる

新聞紙も売られている

紙の新聞をとっている家庭も減りました。新聞はオンラインで契約している人も多いのではないでしょうか。

そのため、**学校の宿題や工作で使用する新聞紙がないと困っている人**が、メルカリで新聞を購入しているようです。

また、掃除やペットのケージに敷くため、引っ越しや野菜などの梱包用など、新聞紙の用途は様々あります。なぜか、**新品の新聞紙も多数出品されています。**

出品の労力と販売価格を考えると、出品はお勧めできません。ただし、古新聞が必要な場合は、メルカリで簡単に手に入るので便利ですね。

《「古新聞 まとめ売り」の検索結果

Point

◆新聞紙は、新品のものも多数、安価で出品されている

Chapter

13

困ったときの
トラブル対処方法

13-1 出品した商品を しばらく公開停止したい

公開停止で一時的に出品を非公開にできる

　商品出品中に、急な用事で長期間対応できなくなったときは、何らかの対処が必要です。出品商品を削除することももちろん可能ですが、点数が多いと再出品の手間もかかります。その場合、メルカリには出品中の商品を一括して公開停止する機能があります。販売を再開する場合は、停止中の商品を公開にすればいいだけです。

　「マイページ」　▶　「出品した商品」　▶　（画面右上の）「編集」をタップすると、「すべて公開」「すべて公開停止」を選択できます。

ニックネームで休業中だとわかるようにしておこう

　公開停止にすると、当然ですが出品商品は表示されません。もしリピーターがページを見に来ても何も表示されないので、「もうメルカリ辞めたのかな」と誤解されるかもしれません。休業中だとひと目でわかるように、「花屋蘭子☆7/10－15休業します」と言った具合に、休業中であることがニックネームでわかるように工夫しましょう。プロフィールに「休業中」と記載しても読まない人がいるので、ニックネームにも記載するのがお勧めです。

Point

◆ 出品中の商品は一括で公開停止・公開できる

◆ 休業中は、プロフィールだけでなくニックネームにも記載しよう

「商品だけ取られて入金されない」 ということはないの?

お金の受け渡しは必ずメルカリを通す

****

　メルカリでは、**ユーザー同士が直接お金のやり取りをすることはありません。**間に必ずメルカリが入ります。

　商品が売れたら、購入者はメルカリに代金を支払います。支払いが完了すると、出品者に発送するようにメルカリから出品者へ通知を送ります。出品者が商品を発送して購入者が商品を受け取った後、出品者を評価します。すると、メルカリから出品者へお金が支払われる仕組みです。

　購入者と出品者の間にメルカリが入るため、「商品を送ったのに入金されない」「お金を振り込んだのに商品が届かない」などといったトラブルの心配はありません。そして、**万が一トラブルになった場合も、メルカリが間に入ってくれます。**

　ただし、**入金前にメッセージ欄でやり取りして商品を先に送ってしまったり、出品者に直接代金を支払ったりした場合は、サポート対象外**なので注意してください。

《 購入から売上計上までの流れ

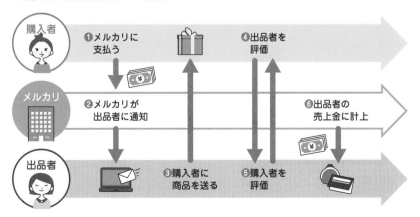

13-3 「写真を追加してほしい」と リクエストされた場合

写真は10枚まで掲載可能

「別角度の写真が見たい」「キズや汚れの程度が知りたい」などと、**購入希望者から写真の追加を依頼される**ことがあります。メルカリの商品出品では、**出品後も写真の追加・削除ができます。写真は最低1枚は必須で、最大10枚まで**掲載できます。購入希望者の要望に答えられるようであれば、追加の写真をアップロードしましょう。

写真の追加は、商品ページ下部の「商品の編集」ボタンをタップし、「商品の情報を入力」画面上部の 📷 アイコンをタップします。掲載済みの写真をタップすると写真の編集画面になり、そこで削除することも可能です。

《 写真を追加する手順

Point

◆ 写真追加リクエストには、できるだけ応えよう

13-4 商品が売れてから発送方法を変更できる?

メルカリ便から他の発送方法に変更することは難しい

　出品商品が売れてから、出品者が発送方法を変更することは可能です。ただし、**出品時にゆうゆうメルカリ便、らくらくメルカリ便に設定していた場合、メルカリ便以外に変更することは難しい**です。

　なぜなら、**メルカリ便は匿名配送なので、他の発送方法に変更するには、購入者に住所を尋ねる必要があるから**です。「匿名だから安心して買ったのに……」と不快に思う購入者もいるでしょう。低評価を招くことにもなるため、メルカリ便から他の発送方法への変更はお勧めしません。

　メルカリ便以外の発送方法からメルカリ便への変更は、特に問題はありません。ただし、後からメルカリ便に変更しても匿名にはなりません。

《 発送方法を変更する

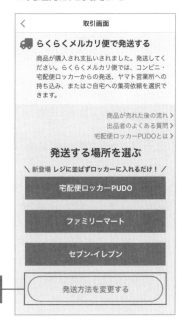

「発送方法を変更する」を
タップして変更します

13

困ったときのトラブル対処方法

Point

◆ 販売後の発送方法の変更は可能

◆ 匿名配送から別の発送方法に変更することは難しい

13-5 メルカリで転売しても大丈夫?

メルカリ内での転売はNG

　メルカリで安く購入し、メルカリ内で著しく高く転売する行為は、規約で禁止されています。メルカリで衣類を買ったがサイズが合わなかった、想像したものと違った、使わなくなった等といった場合は、**買った金額に送料やメルカリ手数料分、クリーニング代を上乗せして出品するのは問題ありません。**

　メルカリ外で買った（仕入れた）商品を、仕入れ値以上の価格でメルカリで売る行為（転売）は禁止されていません。

✕　メルカリで買った金額よりも大幅に高い価格にしてメルカリで売る

◯　メルカリで買った金額に、送料やメルカリ手数料を加えた金額で売る

◯　メルカリで買った商品を、メルカリ外で売る

◯　メルカリ外で買った（仕入れた）ものをメルカリで高く売る

≪ メルカリでの転売について

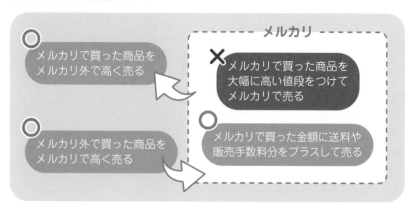

13-6 購入者が商品の代金を いつまでも支払ってくれない場合

コンビニ・ATM払いは、購入から支払いまでタイムラグがある

　購入者がクレジットカードやキャリア決済で購入した場合は、購入時点で決済が完了します。しかし、**コンビニやATM払いの場合は、購入者が支払いを行うまで待つ必要があります**。商品代金の支払い期限は、**購入手続きから3日**です。

　購入の後に支払いを行う決済方式の場合、中には期日が過ぎても支払わない人がいます。支払いまで猶予期間があるため、購入時の気持ちが冷めてしまって、そのまま音信不通になるケースもあります。いつまでも支払いを待っていると、販売機会を逃してしまうかもしれません。

支払いがない場合はメッセージを送ってキャンセルしよう

　支払期限が過ぎると、出品者側に取引のキャンセル用ボタンが表示されます。購入者から連絡がない場合は、**出品者がキャンセルできます**。支払いまで時間がかかる場合は、購入者にいつ支払ってもらえるかをメッセージで尋ねてみてください。**自動ではキャンセルされない**ので、必ず購入者に連絡を取り、それでも返事がない場合はキャンセルしましょう。次ページに、購入者へ向けて送るメッセージの文例を紹介します。

　出品者がキャンセルすることで、購入者はメルカリからペナルティを受けます。

Point

◆ 購入者が期限内に支払いを完了しなかった場合、出品者がキャンセルできる

◆ 購入者にまずメッセージを送り、返事がなければキャンセルする

購入者に送る文例

● 支払期限前に購入者へ送るメッセージ例

お支払い予定日が決まりましたらご連絡下さいませ。
どうぞよろしくおねがいします。

● 支払期限後に送るメッセージ例

お支払い期限が過ぎましたがいかがなさいましたか？
本日中にお支払いいただけない場合は
キャンセルとさせていただきます。
どうぞご了承ください。

● キャンセル通知の例

期限内にお支払いいただけなかったため
キャンセルさせていただきます。
一度もご連絡いただけなかった場合は、
メルカリに通知させていただきますのでご了承ください。

13-7 購入者が受取評価してくれず売上が反映されない場合

購入者が受取評価をしてくれない理由

配送状況を追跡できる発送形式の場合、配送が完了しているかどうかがわかります。また、追跡できない発送形式でも、おおむねどの程度の日数がかかるかはわかります。

配達が完了しているにも関わらず、購入者から「受取評価」がない場合は、次のような理由が考えられます。配達手続き的には完了しているのに、実際には購入者の手元に届いていないケースです。

- 購入者の宅配BOXに届いている
- 購入者の家族や同居人が受け取っている
- ゆうゆうメルカリ便で発送した商品が、郵便局・コンビニ・はこぽすに届いている

また、相手がメルカリ初心者の場合「受取評価をして取引を完了することを知らない」ということもありえます。

追跡可能な発送形式で受け取りが確認できる場合、あるいは追跡できない形式でも明らかに受取日を超過していると考えられる日数が経過したら、**取引メッセージで購入者に「商品の到着」を確認してみてください。**次ページに到着確認メッセージの文例を紹介します。

● 受取評価を促す文例

〇〇さま

こんにちは

商品をお送りしてから〇日経ちましたが、
お手元に届いておりますでしょうか?

お受け取りいただいていましたら
「受取評価」をよろしくお願いいたします。

　なお、発送通知した9日後の13時に自動的に取引が完了して、出品者の売上に反映されます。

Point

◆ 購入者が受取確認をしてくれない場合は、メッセージで確認しよう
◆ 発送通知の9日目に自動的に取引完了し、売上に計上される

13-8 商品の交換や返品を求められた場合

取引中はメルカリ事務局を通して返金できる

購入者が受取評価をする前（取引中）であれば、**メルカリ事務局を通して返金手続き**ができます。商品説明と違ったものを送ってしまった、キズや汚れを見落としていたなど、**出品者に責任がある場合は、メルカリ事務局を通して返品・返金対応をしましょう。**

《 メルカリ事務局を通した返品・返金・キャンセルのイメージ

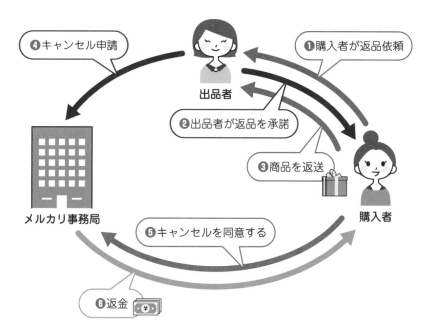

❹キャンセル申請

❶購入者が返品依頼

出品者

❷出品者が返品を承諾

❸商品を返送

メルカリ事務局

❺キャンセルを同意する

購入者

❻返金

商品を受け取った購入者から、取引メッセージで商品の不具合の連絡を受けてから、返品に関するやり取りを行います。一般的には**購入者から着払いで発**

送してもらい、出品者が受け取って確認してから、取引中の商品のキャンセル申請を行います。メルカリからキャンセル申請を受けた購入者が同意すれば返金されます。

なお、返品の際はメルカリ便の匿名配送は利用できません。出品者と購入者の間で返送先情報などを取引メッセージでやりとりする必要があります。

● 取引が完了している場合

受け取り評価後は、商品取引画面の「この取引をキャンセルする」の表示はなくなり、メルカリシステム上で取引キャンセルはできません。

購入者は、商品を確認してから受け取り評価をしているはずなので、基本的には返金に応じる義務はありません。何らかの理由で返金に応じる場合は、解決に向けて当事者間で話し合うことになります。

話し合いは「取引メッセージ」で行います。「取引メッセージ」は、取引完了後2週間利用可能です（メッセージのやり取りが継続していれば延長されます）。話し合いが成立し、返品が完了したら、メルカリ事務局に「マイページ」 ▶ 「お問い合わせ」からキャンセルを依頼します。

取引相手がキャンセルに合意していることをメルカリ事務局が確認し、返金されます。返品・返金作業が完了すると、お互いの評価も消えて、売買記録がすべてなくなります。

Point

◆ 受取評価前の返金は、取引画面の「この取引をキャンセルする」から
◆ 受取評価後の返金は、当事者間で話し合いの上、「お問い合わせ」からメルカリ事務局へ連絡をする

運送中に商品が破損した場合

不具合の箇所に覚えがない場合は、配送中に破損したケースも考えられます。

メルカリ便を利用している場合は、メルカリの「あんしん配送サポート」を受けられます。購入者から出品者へ破損の連絡が入ったら、購入者からメルカ

リ事務局へ、次の4点の情報を添えて「マイページ」 ▶ 「お問い合わせ」より知らせてもらうように依頼します。

①「商品状態の情報」
②「商品の破損状態が確認できる画像」
③「梱包がわかる画像」
④「梱包の外装がわかる画像」

　メルカリ便ではなく、**補償がある他の運送会社等を利用して発送した場合は、自分で運送会社に問い合わせをします。**

Point

◆ 運送中の破損の補償は、メルカリ便の場合はメルカリへ問い合わせる。それ以外は、利用した運送会社へ問い合わせる

困ったときはメルカリ事務局に相談

****

　解決できない問題が発生した場合、対応に困った場合は、メルカリ事務局へ相談してみましょう。問い合わせは、「マイページ」 ▶ 「お問い合わせ」 ▶ 「お問い合わせ項目を選ぶ」 ▶ 「取引中の商品について」 ▶ 「出品した商品」タブ内のトラブルが発生した商品をタップして行います。

Point

◆ 解決できない問題が発生したり、対応に困ったときは、出品した商品のページから、メルカリ事務局に問い合わせをする

13-9 専用出品にしたのに 購入してもらえない場合

「専用出品」はメルカリの公式ルールではない

「**専用出品**」はメルカリのユーザー間で生まれた独自ルールです。メルカリが公式に認めたものではなく、**違反したからといって罰則はありません**。また、**メルカリは推奨もしていません**。

専用出品にしたからといって、必ず購入してもらえるという保証はありません。それどころか、中には**専用出品にしてもらったからと安心して、なかなか購入手続きに至らないケースもあります**。

専用出品にする理由は様々ですが、安易に専用出品を受けないで、最初から「専用対応はしておりません。そのままご購入ください」とするのも1つの手です。また、やむを得ず専用出品を受ける場合は、「期日までに購入されない場合は、専用を外します」と交渉の際に伝えておきましょう。

なお、**専用出品にした商品を他の人が購入したとしても、それを罰したりキャンセルしてもらう方法は基本的にありません**。メルカリは規約として「先に購入ボタンを押した人に権利がある」と定めています。つまり早いもの勝ちなので、「○○様専用にしたのに、他の人に買われた」というクレームも、メルカリ事務局は取り合ってくれません。

Point

◆ 専用出品はユーザー独自ルールなので、そこで起きたトラブルはメルカリ事務局では対応してくれない

◆ 専用出品を受ける場合は期日を設定して、期日を過ぎたら通常の出品に切り替えるようにする

13-10 コメントを削除したい

値引き交渉のコメントなどは削除しておこう

＊＊＊

商品ページの**コメント**は、誰でも閲覧できます。稀にですが**誹謗中傷のよう
なコメントがつくことがある**ため、そのような場合は速やかに**コメントを削除**
しましょう。

また、**コメントで値引き交渉を受けて価格を下げたにも関わらず、購入に至
らなかった場合も、速やかに価格を元に戻して値引き交渉のやり取りのコメン
トを削除しましょう。**

コメントの削除は次のように行います。
商品ページのコメント欄の下にある「すべ
てのコメントを見る」ボタンをタップする
と、コメント一覧が表示されます。各コメン
ト右側に 🗑 アイコンが表示されるので、削
除したいコメントの 🗑 をタップして削除し
ます。

なお、コメントを削除したあとには「出品
者がコメントを削除しました」と表示され
ます。

《 コメントの削除

🗑マークをタップ
します

Point

◆ 値引き交渉を受けて価格を下げたのに購入されなかった場合は、価格
を元に戻しコメントを削除する

◆ コメントを削除した形跡は残る

13-11 メルカリでの禁止行為（お金のやり取りや外部サイトへの誘導）

メルカリ外での取引は一切禁止

　メルカリから、**メルカリを通さない取引や外部のサイトなどへの誘導は一切禁止されています**。もし発覚した場合はペナルティを受け、**アカウント停止になる恐れもあるため、絶対に避けてください。**

　また、当然ですが外部での取引はメルカリ事務局でのサポート対象外です。

● **決済に関する主な違反行為**
（https://www.mercari.com/jp/help_center/article/855/ を参照）
・メルカリの決済を利用しない支払い
・出品者が指定する口座への直接振込
・代金引換（配達時に商品と代金を引換える配送方式）
・分割払い　　・仮想通貨での支払い
・オンラインギフト券類での支払い　　　・現金書留での支払い
・外部サイトや対面においてのローン支払い　　　・現金の手渡し

● **外部サイトへの誘導に関する主な違反行為**
（https://www.mercari.com/jp/help_center/article/873/ を参照）
・外部サイトへ誘導する行為　　・外部サイトへの取引に誘導する行為
・外部サイトURLの記載　　　・外部アプリへの誘導
・SNSなどのIDの記載・電話番号の記載
・メールアドレスの記載
・商品画像などにQRコードなどの画像を掲載する行為

Point

◆ メルカリ外のサービスへの誘導や、お金のやり取りは禁止
◆ 規約違反行為はアカウント停止の恐れがあるので注意

13-12 迷惑なユーザーをブロックする

ブロックされると、コメントや購入ができなくなる

不快なコメントを投稿したり、断ったにもかかわらずしつこく値下げ交渉をしたり、他のユーザーに迷惑をかけるような行為をするユーザーに困ったら、**そのユーザーをブロックできます**。ブロックされたユーザーは、商品に「いいね！」をつけたりコメントできなくなったりします。購入もできません。

ブロックされたユーザーには通知されませんが、相手が「コメント」や「いいね！」「購入」しようとすると、エラーメッセージが表示され実行できなくなります。

ユーザーのブロックは、ブロックしたいユーザーのプロフィール画面から行います。右上のメニューアイコン（‥）をタップして表示されるメニューから「この会員をブロック」を選択するとブロックできます。ブロックを解除する場合は、同様の手順で表示されるメニューから「ブロックを解除」を選択します。

Point
◆ 悪質なユーザーはブロックできる
◆ ブロックは通知されないが、いいね!やコメントしようとするとエラーになる

13-13 招待コードでポイントがもらえる

招待した人、された人両方にポイントが入る

メルカリの会員登録時に、知り合いから教えてもらった「**招待コード**」を入力すると、招待された人・した人双方にポイントが入ります。**ポイントは、メルカリ内でのお買い物やメルペイを使った買い物に利用できます**。もらえるポイント数は、メルカリのキャンペーンによって変動します。

招待したい人に教える自分の招待コードの確認は、「マイページ」 ❯ 「招待してポイントGET」で表示される画面の、「あなたの招待コード」に記載されている文字列です。「コピーする」をタップすると、クリップボードにコピーされてメールやメッセンジャーサービスなどへペーストできます。

《 招待コード

Point

◆ 新規登録時に知り合いのから招待コードを入力すると、招待した側、された側の双方にポイントが付与される

13-14 スマホを替えた場合

再登録等は不要、データも引き継げる
****

　メルカリ登録時のスマホから別のスマホに替えても、同じユーザーでログインして引き続き同じデータを利用できます。複数の端末で同じメルカリアカウントを利用することも可能です。メルカリへのログインが必要なので、機種変更前に登録したメールアドレスとパスワードを確認しておきましょう。登録したメールアドレスは「マイページ」 ⬧ 「個人情報設定」 ⬧ 「メール・パスワード」で確認できます。確認したメールアドレスと設定したパスワードで、新しい端末にインストールしたメルカリアプリでログインします。

　なお、この画面ではパスワードの確認はできません。既存パスワードがわかっていればここで新規パスワードの設定が可能ですが、現在設定されているパスワードは表示されません。パスワードを忘れてしまった場合は、次ページのパスワード再設定方法を参照してください。

Point
◆メルカリはログイン情報（メールアドレスやパスワードなど）を覚えていれば、別の端末からログインしても同じように利用できる

13

困ったときのトラブル対処方法

13-15 ログインパスワードを忘れた場合

パスワードの再設定には２つの方法がある

ログインパスワードを忘れた場合は、メルカリアプリ上で作業する方法と、パソコン用Webサイト上で作業する方法の２つがあります。アプリ上で行う場合、アプリデータ削除が必要です。もしパソコンが使える環境であれば、パソコン用のWebサイトからパスワードリセットを行うほうが簡単です。

> **Point**
> ◆ パスワードを忘れた場合は、パスワードをリセットして再設定する
> ◆ アプリデータを削除するのと、Webページの２通り方法がある

メルカリアプリで再設定する場合

メルカリアプリでパスワードを再設定するには、まずアプリデータの削除を行います。

Android端末の場合は、Androidの「設定」アプリを起動して「アプリと通知」をタップして、「メルカリ」のアプリ情報を表示します。「ストレージ」をタップして表示された画面の「ストレージを消去」（環境によっては「データを削除」）をタップして、メルカリアプリに設定されたデータを削除します。

iPhone（iOS）の場合は、アプリのアイコンを長押しし、表示された「×」マークを選択します。

メルカリアプリを起動すると、アプリをインストールした直後の状態になっています。「アカウントをお持ちの方」の「ログイン」をタップして「メールまたは電話番号でログイン」をタップします。「ログイン」画面の「パスワードを忘れた方はこちら」をタップして表示された画面で、登録したメールアドレスを入力して「パスワードをリセットする」ボタンをタップすると、登録メールア

ドレスへパスワードをリセットするためのURLが記載されたメールが届きます。以降はメールに記載された手順で作業してパスワードを変更します。

> **Point**
>
> ◆ スマホ上でパスワードを再設定する場合は、アプリデータを削除してから再設定する

パソコンでWebサイトから再設定する場合

メルカリのサイトの「パスワードをお忘れの方」のページ (https://www.mercari.com/jp/password/reset/start/) へアクセスし、登録したメールアドレスを入力して「送信する」をクリックすると、登録メールアドレスへパスワードをリセットするためのURLが記載されたメールが届きます。以降はメールに記載された手順で作業してパスワードを変更します。

《 パスワード再設定用ページ
　 (https://www.mercari.com/jp/password/reset/start/)

> **Point**
>
> ◆ パスワード再設定用ページへアクセスして、登録メールアドレスを入力すると、パスワード再設定用のリンクが送られてくる

13-16　登録した住所を変更したい

新しい住所を入力して、古い住所を削除する

＊＊

　出品者としての発送元や、購入者としての**届け先住所の変更**は、「マイペー
ジ」で行います。「マイページ」 ❯ 「個人情報設定」 ❯ 「発送元・お届け住所」
をタップすると「住所一覧」画面が表示されます。

　住所は複数設定できるので、住所変更を
行う場合は、新規住所を登録した後、旧住所
を削除するようにしましょう。

《 新住所を追加し旧住所を削除

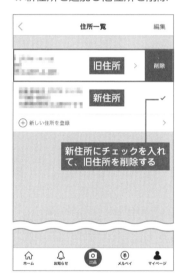

Point

◆ 登録住所の変更・新規登録はマイページで行う

◆ 複数の住所が登録できるので、事故防止のため新住所を登録した後で
　旧住所を削除しよう

INDEX

おわりに

　最後までお読みくださりありがとうございます。少しでもお役に立てれば幸いです。

　本書では、「メルカリで売る」ことを中心にお伝えしてきましたが、「必要なものをリーズナブルな価格で買える」のもメルカリの大きな魅力です。

　つい最近、こんなできごとがありました。ある品薄の商品が今すぐ必要になり、リアル店舗、大手オンラインショップなどを探し回っても見つからず途方に暮れていました。その時は、筆者の頭から「メルカリで探す」選択肢が抜け落ちていたのです。

　少し冷静な気持ちを取り戻した時、「ひょっとしてメルカリで手に入る？」と探してみると、出てくる、出てくる……。丸一日探しても見つからなかった物が、あっさりメルカリで買えてしまいました。その時の筆者は、「アラジン」の魔法のランプの精「ジーニー」に出会った気分。私の欲しい物を簡単に出してくれてありがとう！

　メルカリには、市場（ショップ）に出回っていないものを探すワクワク感、「こんなものまで売れるの？」という発見が、まだまだあることを再確認しました。

　本書が、あなたにとってメルカリを楽しむきっかけになればと心から願っています。

読者限定LINEのご案内

本書でお伝えしきれなかった内容やメルカリの最新情報などをLINEで配信いたします。また、サンクスカードの文例なども「テキスト」でプレゼントしています。是非ご登録ください。

著者紹介

安達恵利子（あだちえりこ）
インターネット黎明期1990年代から、子育ての合間に趣味で個人輸入をスタート。インターネットが普及し始めるとITを駆使し、輸入販売などのネットショップ3店舗経営へ。ネット通販業界の成長とともに8年間売上を伸ばし続ける。2017年ショップを売却し、現在はWEBマーケティングコンサルタントとして活動。メルカリ/ペライチ/動画/SNSなどを駆使し、個人から企業まで、幅広い業種業態のWEB動線構築をサポート。また、年間約100件のセミナー（企業・商工会議所様招致多数）で登壇。
SITE https://miraslabo.com

本書について

本書に記載されている会社名、サービス名、ソフト名などは関係各社の登録商標または商標であることを明記して、本文中での表記を省略させていただきます。
システム環境、ハードウェア環境によっては本書どおりに動作および操作できない場合がありますので、ご了承ください。
本書の内容は執筆時点においての情報であり、予告なく内容が変更されることがあります。また、本書に記載されたURLは執筆当時のものであり、予告なく変更される場合があります。
本書の内容の操作によって生じた損害、および本書の内容に基づく運用の結果生じた損害につきましては、著者および株式会社ソーテック社は一切の責任を負いませんので、あらかじめご了承ください。
本書の制作にあたっては、正確な記述に努めていますが、内容に誤りや不正確な記述がある場合も、著者および当社は一切責任を負いません。

初心者でもすぐ売れる！ メルカリかんたん出品ガイド

2020 年 5 月 31 日　　初版　第 1 刷発行
2023 年 7 月 20 日　　初版　第 5 刷発行

著　者　　安達恵利子
装　丁　　広田正康
発行人　　柳澤淳一
編集人　　久保田賢二
発行所　　株式会社　ソーテック社
〒 102-0072　東京都千代田区飯田橋 4-9-5　スギタビル 4F
電話（注文専用）03-3262-5320　FAX03-3262-5326
印刷所　　図書印刷株式会社

©Eriko Adachi
Printed in Japan
ISBN978-4-8007-2073-3

本書の一部または全部について個人で使用する以外著作権上、株式会社ソーテック社および著作権者の承諾を得ずに無断で複写・複製することは禁じられています。
本書に対する質問は電話では受け付けておりません。また、本書の内容とは関係のないパソコンやソフトなどの前提となる操作方法についての質問にはお答えできません。
内容の誤り、内容についての質問がございましたら切手・返信用封筒を同封のうえ、弊社までご送付ください。
乱丁・落丁本はお取り替え致します。

本書のご感想・ご意見・ご指摘は
http://www.sotechsha.co.jp/dokusha/
にて受け付けております。Web サイトでは質問は一切受け付けておりません。